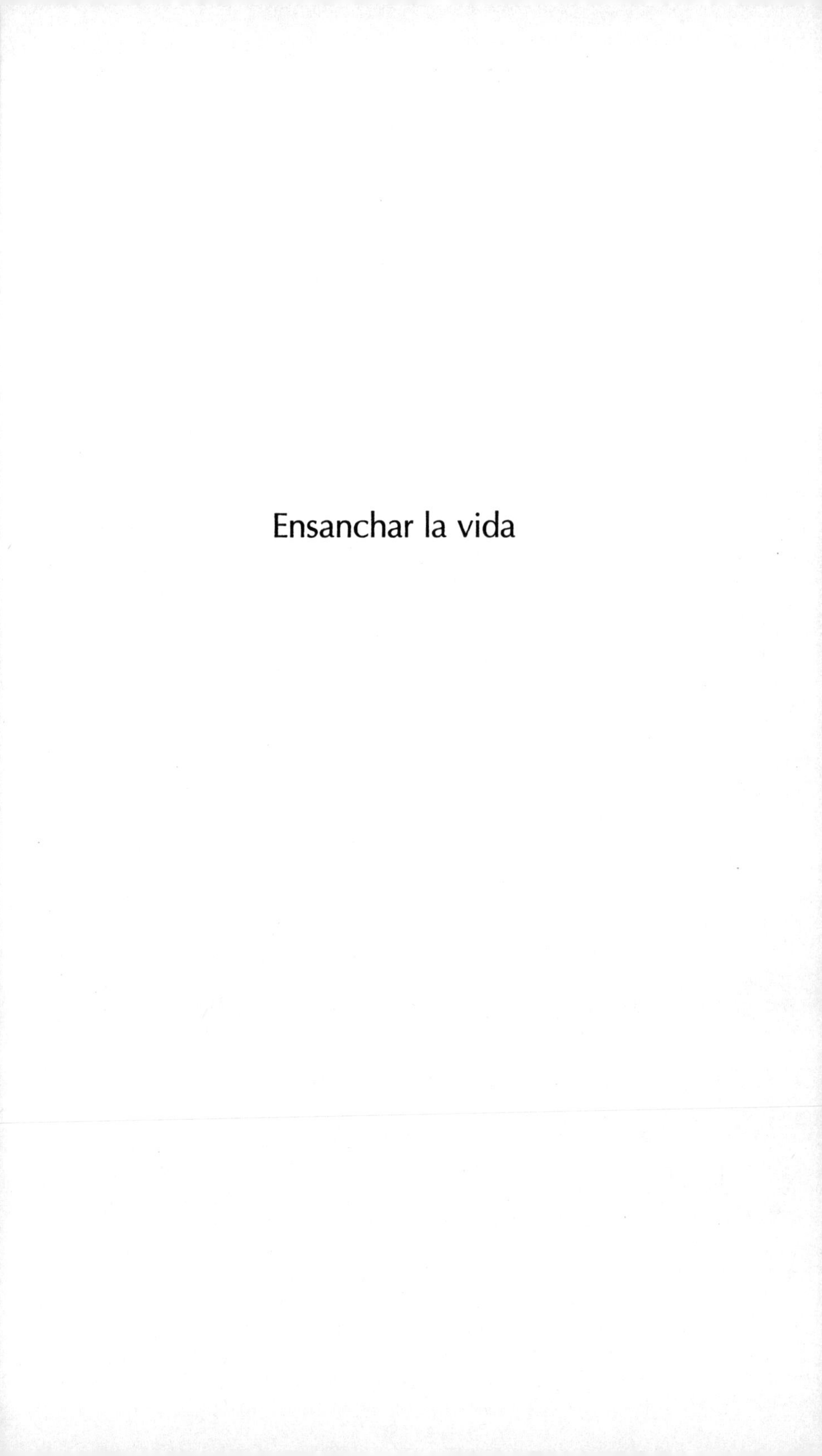

Ensanchar la vida

Ensanchar la vida
La fortaleza de la fragilidad

Jorge Font

URANO

Primera edición en España de esta colección: octubre de 2012
Primera edición en México: Junio de 2015

© Jorge Font, 2012
© de la presente edición: Plataforma Editorial, 2012

Plataforma Editorial
c/ Muntaner, 269, entlo. 1ª – 08021 Barcelona
Tel.: (+34) 93 494 79 99 – Fax: (+34) 93 419 23 14
www.plataformaeditorial.com
info@plataformaeditorial.com

Se autoriza la licencia de esta coedición por parte de Plataforma Editorial
a Ediciones Urano México, S.A. de C.V.
Ave. Insurgentes Sur 1722, 3er piso. Col. Florida. México, D.F. 01030. México.
www.edicionesuranomexico.com

ISBN: 978-607-9344-73-3

Diseño de portada:
Lola Rodríguez

Fotocomposición:
Grafime. Mallorca 1 – 08014 Barcelona
www.grafime.com

El papel que se ha utilizado para imprimir este libro proviene
de explotaciones forestales controladas, donde se respetan
los valores ecológicos, sociales y el desarrollo sostenible del bosque.

Impresión:
Impreso por Metrocolor de México, S.A. de C.V.
Rafael Sesma H., No. 17 Parque Industrial FINSA,
C.P. 76246, El Marqués, Querétaro, Qro.

Impreso en México – *Printed in México*

Índice

Prólogo

¡Ahí te va la cuerda!

Siempre he pensado que a algunos libros les salen sobrando los prólogos. Éste es uno de ellos. Las palabras que valen la pena están en el libro, no el prólogo. El prólogo les roba su tiempo a los lectores. Sin embargo, la petición de un ser humano como Jorge Font es irrechazable. Se trata de cuestiones de amor. Se trata de cuestiones de admiración que siempre van mezcladas y uno no sabe en dónde empiezan unas y se mezclan con las otras. Así es, yo quiero a Jorge Font. Lo quiero y lo admiro. Si tuviera que escoger con los dedos de una mano a las personas que más aprecio, ahí estaría Jorge. Adelanto lo que podrías empezar a imaginar: no es un tema de discapacidades, es un tema de capacidades.

Pienso que cada día el misterio nos pregunta si queremos pararnos del lado de la vida o del lado de la muerte. La muerte es la duda, el miedo, el temor; es escoger el pensamiento más doloroso para «vivir». La vida es confianza, fe, esperanza; es escoger la explicación más amorosa de nuestra propia vida. La historia de Jorge Font es la respuesta de quien decidió «pararse» del lado de la vida. A través de sus reflexiones nos permite comprender, con los ojos del corazón, cómo el amor y la vida son capaces de abrirse camino en el misterio de las almas profundas.

Éste libro es una invitación al gozo aprendiendo en el espejo del otro. A través de este libro, Jorge nos hace una invitación a sujetar amorosamente la cuerda de nuestras vidas para esquiar y ganar en la categoría de «figuras». Nuestra propia figura, la única que se puede llenar de plenitud.

Cada página de éste libro es una poesía llena de sabiduría. Una combinación de las conclusiones más hermosas y profundas que he tenido el privilegio de atestiguar desde hace veinte años, entremezcladas con un sentido del humor sólo presente en las almas más sabias.

Sólo Dios alarga la vida, pero hay seres como Jorge Font que nos ayudan a ensancharla.

Disfrútenlo, gócenlo, ríanse, compártanlo. ¡Es incomparable! ¡Es una joya!

¡Ahí te va la cuerda de la vida!

No les quito más su tiempo.

FERNANDO LANDEROS VERDUGO
Presidente de Fundación Teletón

Introducción

En la página del día de hoy: GRACIAS

Seguramente habrás tenido la oportunidad de conocer muchas biografías o historias de vidas interesantes. Hay personas que para los demás son estrellas, luces, faros que sirven de guía en la oscuridad para llegar a buen puerto. Yo no soy de ésos. Creo incluso que en ocasiones esa luz deslumbrante sólo ciega sin iluminar. Presentar únicamente nuestra faceta luminosa dilata la pupila del otro para que no perciba ni por equivocación nuestra sombra, nuestra debilidad, nuestro posible error. Todo esto con el costo de estar cada vez más solo.

Más bien quisiera saber que puedo ser para ti un espejo en cuyo reflejo puedas descubrir aspectos de tu propia vida. Espero que al leer mi historia puedas encontrar, como dice Joan Manuel Serrat, «lo común que reconforta y lo distinto que estimula».

Quisiera compartirte el libro de mi vida con la única intención de que tomes de él lo que te sirva y lo que te dé sentido. En la página del día de hoy escribiré lo que León Felipe decía cuando le pedían hablar de él mismo: PERDÓN.

Perdón por ocupar un espacio y por hablar en primera persona. Más que egolatría quisiera que fuera sinceridad y responsabilidad lo que te compartiera. También quisiera en la página del día de hoy, simple pero sinceramente, decirte: GRACIAS.

Te agradezco que hayas tomado este libro y me regales tu atención, tu intención y tu comprensión. Sé que en este momento podrías estar haciendo muchas cosas o incluso haber elegido otro libro. Esta elección, cuando te detienes un poco a reflexionar, encarna el verdadero sentido de la palabra sacrificio. Esto en México es muy importante; cuando se habla de sacrificios no nos andamos con pequeñeces. A las personas les sacaban el corazón.

La palabra «sacrificio» viene del latín, *sacro* y *facere*; de hacer algo sagrado. Un lugar o un momento se puede volver sagrado por la renuncia que implica. Para decir SÍ a escuchar mi historia has tenido que decir NO a mil otras cosas tal vez muy importantes para ti. Mi compromiso contigo es intentar estar a la altura de lo que tu tiempo, tu decisión, tu renuncia a otras cosas y tu presencia frente a estas palabras significan. Alguien me dijo una vez que «las joyas y las sortijas no siempre son regalos, en ocasiones son pretextos. Pretextos para no dar el único verdadero regalo que puede dar una persona: darse uno mismo, regalar su tiempo, su talento, su presencia, su atención». Por el regalo que me das al compartir y dar sentido a mi historia, otra vez, gracias.

Las letras chiquitas del contrato: ADVERTENCIAS

Ahora me gustaría leer contigo algunas advertencias. Como decimos comúnmente, «las letras chiquitas del contrato».

Cláusula I

No soy un escritor experto en cuyas obras puedas encontrar muchas respuestas a las preguntas que tengas. En el ambiente taurino, a los que desconocen la fiesta brava se les llama «villamelones». Así me considero yo. Soy un «villamelón» de la existencia que, al declararse un ignorante radical, quiere provocar más preguntas que respuestas.

Platón afirma que «la ignorancia es el privilegio del hombre. Ni Dios, ni la bestia ignoran. Aquél porque posee todo el saber y éste porque lo ha menester». No estamos ni en la luz absoluta ni en la oscuridad total, estamos en el camino con amaneceres, atardeceres, noches y días en la fiesta de la vida. Por cierto, eso de andar de provocador de cuestiones es lo que, además, creo que hace un buen maestro. Despertar el asombro y desde ahí generar la curiosidad que finalmente ayuda a vivir con la alegría infantil de preguntar y eternamente descubrir.

Cláusula II

Éste no es un libro de recomendaciones para la solución de problemas. De hecho, me gusta recordar a Zorba el Griego cuando a su patrón le recuerda que «la vida es problema, sólo la muerte no lo es. ¡Busca problemas!».

Por tanto trataré de no dar muchas recomendaciones para no provocarte, amigo lector, lo que Serrat nos recuerda cuando canta: «Bienaventurados los necios que se arriesgan a prestar consejos porque serán sabios a costa de los errores ajenos».

Hay una palabra que no usaré y ésa es: DEBERÍAS. Por experiencia he aprendido que cuando alguien da una recomendación y dice «deberías hacer o decir tal o cual cosa» es como si apuntara con el dedo índice. Cuando apuntas así, un dedo se dirige hacia la otra persona pero tres dedos apuntan hacia ti. Por eso hablaré en gran medida en la primera persona del singular. Para ser un poco responsable y además para contar la única historia que me sé bien, la de mi vida.

Cláusula III

Ortega y Gasset nos recuerda: «Cuídese del uso de las palabras porque son los déspotas más grandes que la humanidad ha conocido». A mí, la verdad, me gusta más como en México decimos lo mismo en el refrán: «De lengua, todos nos echamos un taco». Es decir, creo que es relativamente fácil hablar o escribir. Pero el reto más grande que existe es vivir a la altura de lo que uno dice. Por eso trataré de decir la menor cantidad posible de mentiras. El mundo es pequeño y con esto de la aldea global seguro que me podré encontrar contigo por ahí y no quiero andar con demasiados reclamos de incongruencia. Ya, con algunos amigos y conocidos cercanos, tengo esto bien cubierto.

1. Las cosas
se demuestran en el agua

Soy esquiador por herencia. Mi papá, que está en el salón de la fama de la CODEME (Confederación Deportiva Mexicana) por su trayectoria deportiva en esquí acuático, tuvo el récord mundial en la modalidad de figuras.

Mi hermano Sergio y yo aprendimos a esquiar al mismo tiempo. Yo tenía siete años y Sergio cinco. La verdad es que durante algunos años no nos interesó mucho este tema. Jugué, nadé, practiqué fútbol y gimnasia olímpica hasta que, unos años después, retomé con seriedad el esquí.

En mi casa se vivió el deporte más que como un hobby o un simple entretenimiento. Era una oportunidad para ser, no el mejor, porque esto a veces no se logra, pero sí para ser lo mejor de nosotros mismos.

En el esquí acuático hay tres modalidades: *slalom*, figuras y saltos. Nosotros decidimos ser especialistas en figuras para poder lograr buenos resultados y no diluir el tiempo entre demasiadas actividades. Sobre todo cuando el esquí no estaba planteado como una profesión sino como un complemento al desarrollo académico.

El esquí de figuras es un deporte cruel. Hay que entrenar muchas horas y las competencias consisten en dos recorridos de veinte segundos cada uno. En cada uno de los recorridos, el objetivo es hacer la mayor cantidad de giros posible. Cada giro tiene un valor establecido. Si repites un giro, no cuenta, y si no lo haces bien, tampoco suma puntos. Es parecido al patinaje artístico. Hay cinco jueces cuyo dictamen se toma por mayoría. Esto provoca que los esquiadores, frecuentemente, después de recibir su resultado, acudan al ahora muy famoso en México (por motivos electorales) «VOTO POR VOTO, CASILLA POR CASILLA» e impugnen su resultado. En nuestra casa esto estaba prohibido y el lema de mi papá era: «La cosas se demuestran en el agua». Si hubo duda en alguna figura hay que repetirla mil veces hasta que no quede la menor duda.

Me enamoré del esquí. Encontré que el disfrute está en esquiar, en entrenar, en aprender, en retar a tu cuerpo, a tu mente, a tu voluntad. Un torneo dura muy poco, subirte a un pódium a recibir una medalla, si lo logras, aún dura menos. Aprender que puedes crecer, mejorar, aprender y compartir; eso es lo que dura y queda en la vida, en la mente y en el corazón de un deportista. En la vida no sólo hay que ganar, hay que hacerlo con estilo.

Con éstas y otras muchas orientaciones y muchas horas en el agua, competí por primera vez a los once años. A los dieciséis años gané el campeonato nacional y rompí el récord nacional de la categoría abierta, es decir, la más importante y competida. En 1986 tuve la oportunidad de representar a mi país en el Campeonato Latinoamericano en Venezuela, donde obtuve el segundo lugar y después se me incluyó en la selección para ir al Campeonato Mundial a celebrarse en Londres en septiembre de 1987.

Sabía que a mis dieciocho años no iba a ganar el mundial. Los esquiadores que se subirían al pódium harían alrededor de 10.000 puntos. Mi recorrido sumaba 7.380 puntos, lo cual resultaba de un cálculo que habíamos hecho mi entrenador (que es mi papá), mi hermano y yo para entrar a la final. A la ronda final del Campeonato Mundial de esquí pasan los mejores doce esquiadores de la eliminatoria.

Con ese objetivo en mente, entrené muchas horas. Conforme se acercaba el mes de septiembre para el torneo, cada entrenamiento era como un ensayo general para una obra de teatro. Es decir, trataba de imaginarme antes de lanzarme al agua cómo se escucharía el motor de la lancha, cómo se sentiría lo fresco del agua, la tensión de la cuerda, mi voz al gritarle al conductor de la lancha «¡listo, sale!»; cómo se sentiría cada giro, cada músculo. Así, cada entrenamiento era la simulación del torneo, de ese momento de la verdad que exige mucho y dura poco. Competí mil veces contra mí, contra mis nervios, contra mi cansancio, contra mi inseguridad, contra mi perfeccionismo, en cada torneo simulado en que se convirtió cada entrenamiento antes de viajar a Londres.

Viví el torneo como se viven todos: como un sueño que se pasa rápido. Vi competir a muchos, vi caerse al campeón del mundo en la segunda figura de su recorrido en la ronda eliminatoria. Nervios, sensación de vacío en el estómago hasta casi sentir que no tienes fuerza y te vas a desmayar. Y, de pronto, saberte esquiando en la final del Campeonato Mundial sin haberte caído y pasar en séptimo lugar a la ronda final.

No me caí en ninguno de mis recorridos en ese torneo. Terminé en 12º lugar y me sentía satisfecho por el resultado y muy entusiasmado por lo que había aprendido en el proceso de alcanzarlo.

Algo muy importante, que después se convirtió en esencial para mi vida (ya verás por qué), fue darme cuenta de que un deporte como el esquí, que se considera individual, en realidad no lo es. Es cierto que en un torneo te lanzas al agua solo. Pero para llegar a ese momento muchas personas ponen su talento. De hecho, eso es de lo más comprometedor en un muelle de salida, saber que tu resultado es un tributo a un montón de personas que permitieron que estuvieras ahí. Un entrenador de la vida: mi papá. Una decoradora, nutrióloga, psicóloga y alborotadora, responsable del corazón y la sonrisa: mi mamá. Un director técnico que impulsa y organiza los recorridos del esquí y en muchas áreas de mi vida: mi hermano. Un conductor cuidadoso de la lancha. Un capitán de equipo. Una Federación de Esquí. Unos amigos que perdonan no ir a algunas fiestas y que saben que «para Jorge, esto es importante». Ellos, y unos otros más, son mi equipo.

2. Me caí haciendo lo que más me gusta

Terminé la preparatoria en 1987 con toda la emoción y los temores propios de esos momentos de decisión. Como un típico adolescente tardío deshojando las margaritas de la desorientación vocacional. ¿Qué voy a estudiar? ¿Qué voy a ser de grande?

Ahora me doy cuenta de que me sentía como Octavio Paz lo describe:

… el adolescente, vacilante entre la infancia y la juventud, queda suspenso un instante ante la infinita riqueza del mundo. El adolescente se asombra de ser. Y al pasmo sucede la reflexión: inclinado sobre el río de su conciencia se pregunta si ese rostro que aflora lentamente del fondo, deformado por el agua, es el suyo. La singularidad de ser —pura sensación en el niño— se transforma en problema y pregunta, en conciencia interrogante.

Después de mucho deliberar decidí estudiar la carrera de Medicina e inicié el curso propedéutico. Asistí a la Facultad de Medicina de la Universidad La Salle con el sueño de servir, ayudar y con esa curiosidad intelectual que creo que en gran medida me despertó mi abuelo materno: «Tito», el doctor Ramírez Gama. Mi vida a los diecinueve años era una búsqueda de equilibrio entre el deporte y el estudio. Pasaba del traje de baño a la bata blanca, estudiando un poco en una hamaca en Tequesquitengo.

El 8 de marzo de 1988 fui a esquiar y en la tarde regresaría a México porque tenía examen de bioquímica. Sin embargo, resultó que ese día la vida me invitó a una evaluación sorpresiva y mucho más complicada. Entrenando para el Campeonato Latinoamericano que se celebraría en Argentina, me caí haciendo lo que más me gusta: me caí esquiando. Mientras la lancha daba la vuelta al final del lago, me acerqué demasiado a la orilla por ir jugando, por un exceso de confianza. Se me atoró el esquí con la playa, me fui de boca y me rompí la columna vertebral a la altura de la sexta y la séptima vértebra cervical. Es decir, me rompí el cuello y me quedé cuadripléjico.

Desde el momento en el que me accidenté, y por lo que se sabe hasta el día de hoy PARA SIEMPRE, perdí la capacidad de sentir y de mover desde el pecho hasta la punta de los pies. Cuando me recogieron, lo único que podía hacer era doblar mis brazos; no podía estirarlos, no me funcionaba el tríceps, que es el músculo que permite estirar los brazos. Y perdí también el movimiento de las muñecas y de las manos.

Gracias a que de manera muy oportuna y muy exitosa —dentro de las primeras ocho horas después de mi accidente– me operó en México quien después se convertiría en un gran amigo, el doctor Roberto De Leo, recuperé la extensión de los brazos, recuperé el movimiento de las muñecas, recuperé la extensión de la mano izquierda, que es utilísima para saludar, pero nada más. Es decir, yo no puedo apretar la perilla redonda de una puerta, cerrar en puño mi mano y, especialmente, me cuesta mucho trabajo abotonarme la camisa o amarrarme las agujetas.

En el hospital tuve un problema adicional de neumonía. Como no me funcionan bien los músculos que están en el estómago y entre las costillas, toser para sacar las flemas me costaba muchísimo trabajo. Por lo cual, una gripa de hospital se me convirtió en una neumonía y llegó a ser casi tan grave como la lesión medular. Mi abuelo, que era neumólogo, después de unos días de tratamiento, finalmente me curó.

A los ocho días fui dado de alta del hospital. Normalmente cuando uno sale del hospital y te dan de alta, ya la hiciste; lo peor que te puede pasar es regresar a que te quiten las puntadas o a que te quiten el yeso. Sin embargo, en un accidente como el mío, uno de los momentos más difíciles de la vida es salir del hospital. No sé si estás de acuerdo pero, regularmente, un hospital es una pesadilla con fantasmas de bata blanca y alguno que otro vampiro chupa-sangre. Yo siempre he pensado que un hospital no es una pesadilla siempre y cuando uno va a un parto y, por supuesto, es el papá, porque la mamá siempre padece un poco más.

En mi experiencia, salir del hospital fue, por supuesto, despertar de una pesadilla. Pero una pesadilla no deja de ser un sueño y despertar significa el reto mayúsculo de regresar a la realidad.

3. REHABILITAR:
Regresar a la realidad

Lo evidente

En mi caso, que no se trata de una discapacidad ni por mucho de lo más complicada, tuve que volver a aprender a toser, tuve que volver a aprender a escribir, tuve que volver a aprender a hacer de todo otra vez. Pasé de ser un chavo estudiante de Medicina que hacía trabajos de anatomía, de química y de histología, a ser un paciente con bata, de esa muy poco digna, que no sé por qué razón se usa al revés con el riesgo de tomar un resfrío a traición, por la retaguardia.

Como un cambio de escena en el teatro con telón de por medio, el deportista, estudiante con el futuro por delante, se despertaba haciendo planas de líneas y circulitos para volver a aprender a tomar un plumón grueso y aprender a escribir nuevamente. La película se complementaba con el acto circense de sentarme en la silla de ruedas. Este espectáculo involucraba a varios actores secundarios y a algunos extras que daban ánimos. En realidad se trataba de un esfuerzo enorme que me provocaba un mareo espantoso, una sensación de desesperación horrible y ya en la silla la pregunta: «¿Y ahora, cómo le hago?».

A diferencia de un actor en el camerino, tuve que volver a aprender a vestirme en el foro con público, con un terapista. Lento, cansado, sintiendo que pierdes el tiempo. Como un torero vistiéndose de luces; así que, cada vez que te pones la ropa, es un ritual. La diferencia es ya sentirse cornado antes de salir al ruedo. Para compartir esta sensación, te invito a que hagas el experimento y te vistas acostado en la cama sin mover las piernas y sin tener equilibrio en el tronco. Seguramente vas a descubrir que las piernas pesan más de lo que te imaginas cuando tienes que cargarlas con los brazos para meterte el pantalón. Una pequeña advertencia: si vas a hacer el experimento, te sugiero que te pongas primero el pantalón y después los calcetines porque los pies no resbalan igual y que te levantes más temprano porque, si no, no vas a llegar a tiempo a tus compromisos.

Ya como para hacer el *casting* para el Cirque du Soleil, tuve que aprender a subirme al coche. El espacio que hay entre la silla de ruedas y el asiento del coche es como saltar el cañón del sumidero sin red de protección. Y, una vez a bordo, es necesario convertirse en contorsionista para desarmar y subir la silla de ruedas.

Volver a aprender a hacer lo más simple y cotidiano: peinarme, rasurarme, lavarme los dientes, me costó más trabajo que ningún otro reto al que me haya enfrentado. A los diecinueve años, me sentía como un idiota al tener que enfocar toda tu energía y concentración en actividades que, unos días antes, dabas por hecho y parecían automáticas. Explicarle a tu cuerpo que debe ir a determinada hora del día al baño, y no cuando se le pega su gana, es de lo más complicado de arreglar. Yo uso reloj y sé que, más o menos, cada cuatro o cinco horas tengo que ir a vaciarme la vejiga con una sonda para no tener infecciones en las vías urinarias. Para el asunto del intestino, tengo un horario establecido cada noche donde invierto alrededor de una hora. Digámoslo así: es una parada de *pits* larga que me permite leer mucho. Salgo más ligero y con más conocimientos.

Todo esto que te he platicado de esta etapa de la rehabilitación física, sólo ha sido una síntesis apretada, breve y como en cámara rápida. En la realidad, es justamente lo contrario de una película acelerada: es desesperantemente lento. Al contrario de lo que estaba acostumbrado en el deporte, donde entrenas con miras a lograr una meta cada vez más alta. En la terapia parece que haces un esfuerzo de catorce mil entrenamientos en algunos casos con un avance de cero. Simplemente tienes que poner todo tu empeño para que no se deteriore más tu cuerpo, para prevenir una fractura o una úlcera de presión.

Éstos son los aspectos físicos. Lo que se ve a simple vista. Es muy evidente el reto de pasar de estar parado a estar sentado o pasar de caminar a rodar.

Lo que no se ve a simple vista

Yo creo que lo más complicado de enfrentar, y a la vez lo más interesante en mi vida, es lo que no es físico, lo que no se ve a simple vista. Y lo que no se ve a simple vista es lo que se siente. Lo que se siente en un instante al pasar de ser un chavo alto, guapo y fuerte a ser una persona con unas piernas flacas, con un cuerpo que no te hace caso, con unas manos que se debaten entre las del «hombre lobo» o «ET».

No se ve a simple vista esta sensación que describe Víctor Hugo en el libro de *Los Miserables*. Cuando habla de la vivencia de ir en un buque surcando el mar y de pronto la vida parece lanzarte por la borda y te sientes:

Sepultado entre dos infinitos: el cielo y el océano: éste es su tumba; aquél su mortaja.

Allí estaba él hacía un momento, formaba parte de la tripulación; iba y venía por el puente con los demás, tenía su parte de aire y de sol; estaba vivo.

Pero ¿qué ha sucedido? Resbaló; cayó.

No queda más alternativa que aprender a nadar y esperar a que el barco regrese por ti.

Sentía como si la película de todos los demás siguiera a colores y la mía estuviera en pausa y en blanco y negro. Parado (bueno, más bien sentado) al borde del camino, solo, viendo a los demás pasar desde afuera del río de la vida. No se ve a simple vista lo que significa sentirte solo.

Tengo un amigo, se llama Ricardo Torres Nava y dice que «en la vida hay dos tipos de soledades: las soledades blancas y las soledades negras».

Las soledades blancas son aquellas donde te sales de la prisa cotidiana, de los pendientes, de los compromisos, de la rutina, para poner en orden los archivos de la cabeza y del corazón. Una de mis grandes ilusiones sería que el tiempo para la lectura de este libro fuera de esas soledades blancas, de esos espacios que sirven para tratar de poner prioridades en la vida. Para discernir qué es lo que suma en tu vida y qué es aquello que no te está ayudando a crecer.

Pero también están esas otras soledades. Estoy seguro que te han pasado en algún momento de la vida. Las «soledades negras». Aquellas situaciones donde, a pesar de estar rodeado de personas, te sientes profundamente diferente, profundamente incomprendido, profundamente triste y profundamente solo. Desde mi perspectiva, son las peores porque son las «soledades acompañadas». Parecería que, incluso con buena intención, personas que te quieren, te dan ánimos y brincan a tu alrededor, te dicen de muchas formas: ¡Sálvate! ¡Libérate! ¡Elige! ¡Échale ganas! Mensajes que, más bien, parecen escritos en otro idioma, enviados en otra frecuencia. Yo más bien me sentía como un secuestrado que escucha arengas de libertad en la radio mientras está cautivo.

Creo que quien dice esto de una manera muy concreta, y mejor de lo que yo pudiera expresar, es este filósofo mexicano que se llama Marco Antonio Solís «El Buki». Tiene mucha razón cuando canta «No hay nada más difícil que vivir sin ti». Vivir sin ti, aquel que eras antes de tu accidente. Asistir a la sepultura de una parte de ti, se dice rápido pero cuesta mucho trabajo deletrearlo en el libro de la vida.

Inicié mi rehabilitación pensando que todo era cuestión de echarle ganas. La imagen de competidor, de campeón, de joven que todo lo podía me llevó a interpretar un diagnóstico médico contundente, de parálisis permanente, como una declaración de guerra. Ante el ataque de la idea de que existía un 99,9 % de probabilidades de no volver a caminar, decidí, sin darme cuenta, recurrir a la estrategia de negación, la respuesta de guerrilla: yo soy el 0,1 %. Después de varias batallas perdidas comencé a darme cuenta que el traje de la discapacidad que me había puesto tenía una etiqueta muy particular, decía «para siempre». Cuando me ocurría esto me sentía sin luz ni sombra, se apagaban las luces pero también desaparecían las sombras. En el limbo de la luminosidad apareció la indiferencia. La indiferencia no hace sombra, los claros y los oscuros desaparecen ante la no importancia. Ésta es tal vez la peor de las vivencias. La peor de las recetas es: todo da igual. Quita el síntoma del sufrimiento a costa de causar una enfermedad mortal. Con esta sobredosis de pasividad, no sé si no percibía alternativas o me quedaba paralizado frente a ellas. El dilema de Hamlet de ser o no ser, para mí se convertía en un eterno deshojar de margaritas. Me sentía fuera del juego de la vida, aparentemente viviendo pero más bien sobreviviendo. Atrapado en el no querer renunciar, me quedaba sin elegir.

Marco Antonio Solís lo expresaría así: «La gente pasa y pasa siempre tan igual, el ritmo de la vida me parece mal». Cuando te sientes muy mal, lo cierto es que parece que vives en otra velocidad. Sumido en tu angustia, amenazado por las olas de la amargura, haciendo agua y los demás en sus veleros disfrutando del viento y el mar tranquilo.

Empecé a criticar las capacidades de los demás y las mías del pasado, desde el rencor de la discapacidad. Entendí a aquellos que parecen ser miembros del sindicato de los discapacitados y se dedican a lucrar con la lástima de la discapacidad. Apoyado por esta cuadrilla de emociones sombrías, pero seductoras, me volví experto en poner banderillas emocionales para manipular y, desde la impotencia, sentirme poderoso.

La urgencia de salir de la desesperación, el terror al rechazo y la inseguridad se convertían en soberbia. La verdad sólo se podía encontrar en la discapacidad; la única verdad era la mía. La fuente de la verdad se había desplazado desde el paradigma del éxito a la discapacidad. Sin embargo, detrás del movimiento pendular de un extremo al otro, estaba el mismo pecado capital: la soberbia de sentir que siempre se tiene la razón. Esa luz deslumbrante que sólo ciega sin iluminar, ese reflector que nos deja cegados.

Desorientado, asustado, confundido, impotente frente a la fuerza del destino. Como cuando te revuelca una ola en Acapulco, así se siente entrar en tu sombra. Entrar en esa parte de ti mismo que te asusta y donde están tus miedos, donde está justo lo que no quisieras que te pasara.

Mi accidente fue un despertar súbito en mi propia sombra, abrí los ojos en la oscuridad. La mirada de futuro que antes lo iluminaba todo, no servía. Tampoco la fuga al pasado modificaba la realidad; la fantasía del viaje al pasado solamente cambiaba la posición de las manecillas del reloj para matar el tiempo. El recuerdo de las capacidades perdidas era entonces como luces que deslumbraban y lastimaban pero no iluminaban el camino. La desviación parecía no estar iluminada ni tener señalamientos.

En un inicio, entrar en mis discapacidades fue como entrar en la Corte de los Milagros, entrar a empujones entre sentimientos contrahechos, terrores jorobados, emociones que pedían la limosna del recuerdo o rencores y odios que me asaltaban buscando la aceptación. Tal vez mi nombre encontraba su sentido. San Jorge luchaba con los dragones, con los monstruos que él mismo había cultivado en las mazmorras de su negación. Desde la desesperación y la ilusión de volver a ser el de antes, de volver a ser «normal», el objetivo era eliminar a los dragones y regresar del tenebroso laberinto a la luz como un arqueólogo aventurero con su estatuilla de oro.

Hay otras cosas que no se ven a simple vista también, y que vivir sin ellas es difícil. Bueno, la verdad es que sí se alcanzan a ver a simple vista en el saldo bancario: me refiero al asunto del dinero. Un trancazo como el que me di te puede costar de $300.000 a $1.000.000 de pesos, o sea que sales del hospital parapléjico o cuadripléjico y pobre (yo no tenía un seguro). Un cuarto de rehabilitación en Estados Unidos cuesta $1.000 dólares diarios en promedio y la estadía es de tres a cuatro meses, o sea que de ahí también sales parapléjico y pobre pero en dólares. Por eso me rehabilité en mi casa.

Aún no has comprado una silla de ruedas. Una silla de ruedas te puede costar desde dos mil pesos hasta la que usaba Superman (Christopher Reeve), que costaba doce mil dólares. La que yo uso debe costar mil quinientos dólares. Un cojín para no lastimarte las pompas y no tener úlceras de presión te cuesta entre $2.000 a $5.000 pesos. Hacer pipí, depende el mecanismo que uses, te puede costar entre $10 a $50 pesos diarios. Esto multiplicado por treinta o treinta y un días –porque todos los días son días hábiles–, como dicen, es un pequeño lujo, pero creo que lo vale.

Eso es lo que cuesta y aún no hemos hablado de lo que significa conseguir un trabajo para conseguir ese dinero. Porque conseguir trabajo estando de pie no es fácil, conseguir un trabajo sentado, es requete complicado.

¿Qué otras cosas no se ven a simple vista? Hay amigos que se alejan; en mi caso personal, los menos. Desde mi punto de vista, hay personas que toman distancia, no porque te dejen de querer, sino porque les duele tanto lo que te está pasando que prefieren no acercarse y no tocar ese sufrimiento. En este sentido, una de las cosas que aprendí –y que creo que es lo más complicado– es darte cuenta de que cuando te rompes tú, se rompe también quien te quiere y hay ocasiones en que quien te quiere se rompe más que tú.

¿A qué me refiero? Hay pocos momentos en tu vida tan complicados como estar acostado con un cuello ortopédico y con un tubo metido por la garganta sin saber qué va a pasar; y voltear y encontrarte a los pies o al lado de tu cama la mirada de tus papás, o la mirada de tu hermano, de tu primo o de tu mejor amigo; esa mirada que te dice «te quiero mucho y no me gusta para nada lo que te está pasando». Y sentirte tú no sólo responsable sino culpable de, además de haberte roto el hocico tú, haberle roto el corazón a las personas que te quieren. Todo eso no se ve a simple vista y cuesta trabajo de acomodar y poner en su lugar.

4. REVALORAR:
Los colores más hermosos

Amigos

Crucificado entre:

La independencia que fortalece la autodeterminación y la dependencia que nos despierta la conciencia.

Las capacidades que dan seguridad y las discapacidades que nos recuerdan nuestra fragilidad.

La luz que nos da la posibilidad de ver y la sombra que le da profundidad a la realidad.

El éxito que fortalece y el fracaso que humaniza.

Descubrí la paradoja de que en las páginas más oscuras del libro de mi vida, también han brillado los colores más hermosos. Tiene mucha razón Joan Manuel Serrat cuando afirma: «Bienaventurados los que catan el fracaso porque reconocerán a sus amigos».

A mis amigos y a mí, la vida nos regaló la oportunidad de hacer un corte de caja y de ver cómo estaba nuestro cariño, nuestra convicción y nuestro compromiso. Como me dio neumonía, y no se permitía que mis amigos pasaran a visitarme al cuarto de hospital, a mi mamá se le ocurrió poner un buzón en la entrada. En él recibí un montón de cartas, notas y mensajes donde mis amigos me escribieron y dibujaron de muchas formas lo que yo significaba para ellos. ¡Qué sorprendente cosecha la que se logra sembrando semillas de sonrisas! Y, siendo yo bastante dientón, pues digamos que soy de sonrisa fácil, creo que sembré muchos cuates.

¿Recuerdas que comenté que estuve ocho días en el hospital? Bueno, pues el promedio de estancia en el hospital no es de una semana, puede ser de varias semanas o meses. Yo estuve ocho días en el hospital no porque sea Superman. A Superman le fue mucho peor. Estuve ocho días en el hospital porque estoy seguro que de ahí me corrieron. Me corrieron por la cantidad de amigos y personas que me iban a ver al hospital. Y yo siempre he dicho que si hubiéramos cobrado la taquilla, sería supermillonario. Pero, más bien, soy el deudor más grande del mundo. Adquirí, sin pedirla, una deuda de cariño y amistad que no me va a alcanzar la vida para pagar.

Cuando llegué a mi casa después del hospital, mi mamá escribía en una hoja todas las actividades y todas las cosas que yo necesitaba para mi rehabilitación. Pegaba esa hoja en la puerta de mi cuarto y, junto a cada actividad o cada cosa que yo necesitaba, dejaba un recuadro en blanco para que mis amigos se apuntaran y me regalaran una hora o dos o tres horas o las que yo necesitara. Nunca se quedó un recuadro en blanco, y eso confronta y hace preguntárte: ¿quién soy yo?, «flaco dientón de triste figura», que tiene a estas personas haciendo esto por mí.

Las noches más oscuras de mi existencia se iluminaron con los colores más hermosos que te puede regalar la vida: saber y sentir que hay personas preocupadas y ocupadas por ti.

Mis amigos y mi familia se atrevieron a «ser conmigo», asumieron el difícil compromiso de no interpretarme, no darme consejos, no resolver todos mis problemas, sino simplemente acompañarme. Caminar conmigo el camino de no caminar. Ir a mi lado para entrar en mi soledad y darme valor, no para eliminar a los monstruos de mi sombra, sino, más bien, para dialogar con ellos. Mi sombra no desaparece, pero sí se ha convertido en un lugar de visita más frecuente y me ha dado la oportunidad de acompañar a la gente que me rodea a visitar también la suya.

Frente al cambio, al dilema, a la pérdida y al dolor, la comunión revive, salva y da sentido a lo que muere. Escuchar con acciones, actitudes y cariño que el sustantivo de mi nombre es más importante que cualquier adjetivo, ocupó el lugar de los dilemas. Yo me debatía en los adjetivos cuando la respuesta estaba en el sustantivo. Creo que tiene razón Goethe cuando afirma que «da más fuerza saberse querido que saberse fuerte».

La energía de las capacidades perdidas, el dolor de la incapacidad, la frustración de la comparación con el pasado se iluminan de sentido cuando se comparten y sirven de reflejo en el corazón de otro. Mis capacidades y mi discapacidad no se excluyen mutuamente, se complementan y, sobre todo, se trascienden cuando adquieren un sentido. La vida pregunta y la respuesta se llama biografía.

Desde un lugar nuevo. Desde la resignación entendida como un re-asignar la fuente de la luz, la discapacidad ha sido una oportunidad hermosamente difícil de conocerme más.

Familia

Lo extraordinario de las personas.

No sé a ti cómo te haya ido, pero en la historia de mi vida, especialmente en los momentos difíciles o importantes, la diferencia no la han hecho personas extraordinarias: la diferencia en el libro de mi vida la han hecho lo extraordinario de las personas; lo increíble y no sustituible de mis sencillos pero increíbles amigos; lo extraordinario de mi sencilla, común y corriente pero inigualable familia.

Por eso creo que lo pequeño es hermoso, y que los pequeños detalles, en momentos oportunos de la vida, te cambian para siempre; y que la gota a gota del cariño, la convicción y el compromiso cotidiano tiene a largo plazo enormes consecuencias. Yo sí creo que los pequeños detalles en la vida marcan el corazón de las personas para siempre. Lo aprendí de la mejor decoradora de interiores que conozco: mi mamá.

Creo que su especialidad ha sido el diseñar espacios de encuentro, de seguridad y de crecimiento que dan certezas para después salir a compartirlas con otros y para enfrentar los retos. Así me enseñó mi mamá que se decoran los corazones: hay que aprender a saberse querido para poder querer; hay que sentirse seguro y fuerte para poder fortalecer a otros.

De sus dos proyectos más importantes (uno mi hermano y otro yo), a uno digamos que le afectó un terremoto. Se le deterioró la fachada. Sin embargo, esto significó la mayor prueba de resistencia de materiales y la comprobación de que la diferencia está en el interior. En una de las muchas tardes que platicábamos juntos, me dijo: «Mira, mi hijo, a veces la vida nos sonríe pero, los momentos más importantes y donde las personas se conocen más a fondo, son aquellos en que le sonreímos a la vida». ¡Ah, cómo sirve complementar el cariño y la comprensión con la invitación a la acción y la fuerza!

No creo que mi mamá sepa mucho de física, pero creo que es muy buena en generar una actitud centrífuga frente a la existencia. Yo diría que es una provocadora a la que no le gusta pobretear ni sentirse pobreteada. Es decir, no le gustan las actitudes de «pobrecito» que buscan la limosna de la lástima. A mí, después de unos días de iniciar mi rehabilitación, me dijo: «Jorge, ya no estás enfermo, ya te dio de alta el doctor. Ahora estás en una condición diferente y la pregunta es ¿qué vas a hacer desde ahí?». Con esta provocación, la discapacidad ya no es un punto de llegada y de destino sino más bien un puerto de salida y un punto de partida.

El otro pilar de mi puerto de salida es mi papá. Es sencillo, sincero, congruente y transparente en su sentir y actuar. Tiene unos ojazos verdes que lo expresan todo. Con su manera de vivir, más que con choros agotadores (que nunca fueron su especialidad, ni su estilo), me enseñó la importancia de la autodeterminación, la disciplina y el equilibrio. Me explico:

Autodeterminación: tú decides

No recuerdo que hayamos empezado a esquiar a la fuerza. Mi papá tuvo la sabiduría para presentarnos este deporte como quien va a una cita a ciegas. Fue poniendo los elementos, las circunstancias y las oportunidades y ¡zas!, caímos en el gusto por esquiar. También ponía el ejemplo, porque todos los días el primero en tirarse al agua era él y, ya después, medio dormidos, nos echábamos Sergio y yo. Pronto aprendí a esquiar, pero no fue hasta que dije «quiero» que mi papá habló de entrenar, verlo como un deporte y competir.

Desde nuestro primer torneo, teníamos establecido un objetivo a cumplir. Ya fuera en cuanto a puntuación, un nuevo giro, una nueva secuencia de giros. A veces, simplemente, era no caerte y enfrentar el miedo; probar un giro a los ojos de los jueces, etc… Un asunto muy importante era que estas metas las establecíamos en conjunto. Mi papá-entrenador no era un genio autoritario que imponía la marca a alcanzar en la próxima temporada. Revisábamos qué giros estábamos haciendo bien, cuáles queríamos aprender, en qué secuencia encajaban y nos trazábamos una tarea de giros nuevos a aprender. Uno de los momentos en que esta manera de ver el deporte fue más clara, fue en el proceso selectivo para el Campeonato Mundial de Londres en 1987. Mi papá era presidente de la Federación Mexicana de Esquí. Por iniciativa suya, se estableció que la marca mínima para poder ser seleccionado nacional como especialista de figuras era superior al récord nacional de ese momento. Esto significaba que, para poder ser parte del equipo, yo tendría que romper el récord nacional en el tiempo marcado por el proceso.

Cuando a mi papá le preguntaban por qué había puesto las marcas tan altas sobre todo que le complicaban las cosas a sus hijos, él contestaba: «porque así no queda duda de que quien tiene ese resultado se gana su puesto y, además, para ir representando a México a un campeonato mundial, no basta cumplir con "mínimos", hay que tener objetivos que inviten a dar lo máximo y creer que se puede competir con los mejores del mundo».

Así mi pa me enseñó que el punto de partida es decir «quiero» y después hay que traducir esto en metas, ilusiones, objetivos. No vivir con lo mínimo, sino atreverse a aspirar a lo mejor de uno mismo.

Disciplina

No sólo basta con plantearse metas, hay que poner los medios para alcanzarlas. Mi papá dice que para poder destacar en el ESQUÍ es fundamental hacer sólo tres cosas: «Esquiar, esquiar, esquiar y, cuando te cansas, volver a esquiar».

Esto puede sonar aburrido y repetitivo. El concepto de disciplina tiene mala prensa. Al escucharlo se te viene a la mente una mujer medio amargada que ostenta el título de prefecta a la cual hay que tenerle miedo y te hace dudar permanentemente de tu conducta. A mí, sin embargo, la perseverancia y la obstinación me parece que tienen aspectos muy humanos. No sé qué opines tú pero, a mí, los comentaristas deportivos que dicen que tal o cual deportista es un tocado de Dios o un fenómeno, me molestan un poco. Yo creo que si ese deportista sólo fuera lo que dicen, no tendría que entrenar tanto. Seguramente, si nos acercamos un poco y le preguntamos, ese deportista nos diría que le dedica un montón de tiempo a tratar de hacer las cosas mejor y que aprender lleva tiempo.

Decir que alguien es un prodigio o un elegido es quitarle mérito. El que uno nazca con unos dones o capacidades, es un asunto de suerte. Pero mi papá me enseñó que lo importante es la decisión de cultivarlos. Recuerdo que me decía: «Puede que a inteligente me ganen, pero a tenaz nunca».

Equilibrio

Cómo admiro la capacidad de mi papá para tener una vida donde hay un momento para cada cosa. Porque mi papá es hermano, esposo, empresario, amigo, es deportista –por supuesto–, papá y un gran abuelo. Por eso la estrategia nunca fue ser un esquiador profesional. Mayor reto es intentar llevar una vida balanceada.

Gracias a mi mejor entrenador, mi pa, a su ejemplo y a la experiencia deportiva a la que me invitó y me acompañó, pude enfrentar de mejor manera el reto de la discapacidad.

La rutina de los entrenamientos se puede transformar en la tenacidad frente a la terapia física. Es posible aplicar la capacidad de establecer objetivos deportivos a la determinación de plantearse metas en la rehabilitación y en la vida.

Qué bien supieron mi mamá y mi papá modelarme esa vocación de formar, acompañar, generar seguridad, capacidades, redes para YO SABERME SEGURO Y ELLOS NO SER INDISPENSABLES. Era como si me hubieran entrenado y acompañado para la prueba de la discapacidad. Igual que en el esquí, como acompañante, llegas hasta el muelle de salida y desde ahí tienes que dejar que el esquiador se vaya solo a hacer lo que aprendió. A dejar su propia huella o, más bien, sus propias estelas en la mar.

El «inge» Serch

Para prevenir una sobredosis de ayuda y prevenir la sobreprotección que genera el susto de la discapacidad, a mí me sirvió mucho contar con un ingeniero. Hay quien se prepara en una carrera para serlo. Mi hermano Sergio no solamente cursó esa disciplina universitaria, es decir, no sólo estudió Ingeniería, es ingeniero. Ontológicamente, ingeniero.

Según narra mi mamá, muy niño, lo dejaban en una cuna de latón y no trepaba para escapar. Mejor desarmaba los barrotes para salir. ¡Qué bien! ¿No te parece? Cuando la vida aprisiona, es preferible desatornillar los obstáculos y aprender algunas técnicas en el proceso.

Contar con un hermano así da certeza, seguridad y diversión. Por la parte del hardware, tengo al mejor ingeniero industrial para diseño, ajustes y reparación de esquís, sillas de ruedas, adaptaciones para conducir, etc… Lo cual agradezco enormemente pues, incluso desde antes de mi accidente, no era mi fuerte. Recuerdo muy bien una noche en Tequesquitengo cuando, al estar haciendo unos agujeros para un tornillo que se había barrido en mi esquí, me hice un hoyo en el muslo de la pierna con el taladro. Por favor, no preguntes cómo lo logré, es muy vergonzoso. Imagínate la impresión de ver un agujero, primero blanco, después lleno de sangre y la piel enredada como serpentina en la broca. Pero con lo idiota que me sentía, el dolor y el susto eran asuntos secundarios. En cambio Sergio, en un dos por tres, pone mi silla de ruedas a punto. Como si me pusiera un traje a la medida. Ajusta un esquí de manera tal que se corrige tu posición y mejora tu rendimiento. Instala unas palancas en el coche y logra que pases del asiento del copiloto al de la izquierda del conductor y te pongas a manejar. Todo lo cual, por supuesto, significa una movilidad y una libertad increíbles. Es una analogía perfecta de cómo el Inge te pone las piezas para que vuelvas a conducir tu vida.

Además de tuercas, tornillos y fierros, el cariño de mi hermano y su manera de conocerme y relacionarse conmigo es una muestra de su intuición para el desarrollo del software familiar. ¡Cómo me gusta y me sirve su capacidad para descubrir capacidades! Con frases como «Ma ya, deja a éste en paz, él ya puede solo», desarrolló mi independencia y me protegió del virus de la sobreprotección.

Igual que mi papá, mi hermano no es de muchas palabras. Con sus acciones dice más. Te ofrezco un ejemplo: yo me accidenté un martes. El sábado, como siempre, Sergio estaba esquiando. Para mí, éste es un mensaje muy claro: hay cosas que cambian y otras pueden seguir igual. La vida sigue con sus incidentes y no se detiene o paraliza. Y, claro, esto a mí me quitó una carga enorme. Yo me hubiera sentido enormemente culpable de, además de haberme roto el cuello yo, haber terminado con la carrera deportiva de mi hermano, quien ha estado en el ranking mundial entre los mejores diez esquiadores del mundo y ha sido invitado a viajar para competir a lugares como Qatar, China, Singapur, Rusia, Irlanda, Guyana, Argentina, Chile, Canadá, Estados Unidos y Australia.

También se parece a mi papá en el equilibrio de su vida. A mí me parece que disfruta igual de subir a un pódium a recibir una medalla, que de ayudarme a mí a subir una escalera para llegar a donde tengo que llegar. Sergio es deportista, empresario, esposo, papá, amigo, un gran hermano y claro, ingeniero. Gran asesor para la reingeniería de la vida frente a los movimientos telúricos de la existencia.

Tacoterapia: Tecnología del acompañamiento

Como puedes ver, ninguno de mis amigos, ni las personas que me rodean y me han ayudado, son Mahatma Gandhi ni la Madre Teresa de Calcuta. Son más bien simples mortales, terrícolas de buen corazón. Eso sí, son un grupo selecto de expertos, doctorados *amoris causa*, que desarrollaron y aplicaron el siguiente tratamiento:

- Tacoterapia: Ésta es una de las intervenciones terapéuticas más avanzadas. Consiste en que tus amigos te inviten a salir de tu habitación triste y solitaria de cuatro por cuatro, para ir con ellos a comer unos tacos. La receta ideal es la de tacos al pastor con cebolla, perejil, piña, salsa verde y limón, pero cualquier taco da buenos resultados. La ingesta de esta medicina debe estar acompañada por la presencia plena de los amigos. Éstos funcionan como catalizadores y favorecen la metabolización de la tristeza y la depresión. Hay ocasiones en que puede haber efectos secundarios durante el tratamiento como secreciones lagrimales, mucosidad nasal y sensación de nudo en la garganta. No te preocupes, a pesar del nudo en la garganta, el taco pasa y no te ahogas. Si hace falta, se prescribe un trago de agua de horchata. Las lágrimas pueden darle un toque saladito a la comida y además sirven como pocas cosas para la limpieza del alma y el corazón.

Llorar con la banda de amigos es como ser una nube que, en el encuentro con otras, se puede convertir en tormenta. Las condiciones meteorológicas de tacos, amigos, una dosis de cariño y el cambio de ambiente facilitan que se descarguen los nubarrones de la tristeza y que los sollozos sean como los truenos que despiertan y aceleran al corazón.

Déjalo fluir porque, igual que en una tarde de verano después de una buena lluvia, el paisaje se ve más claro y transparente que antes. Tus emociones, como las nubes que han descargado su pesado cargamento hidráulico, pueden ahora volar más ligeras y dejarse llevar por el viento de la vida.

- Ejercicios cardio-respiratorio-oftalmológicos
No creas que todas las sesiones de tacoterapia son lluviosas. De hecho, la mayoría son cálidas y soleadas con algunas nubecillas que rompen la monotonía del cielo y provocan los relámpagos de las carcajadas. La risa con los amigos acelera la respiración, oxigena las relaciones y abre las ventanas a las habitaciones de nuestra alma que la tristeza ha cerrado. (Para más información sobre la respiración, véase el capítulo 6.) CUIDADO: es importante no consumir tacos en la aplicación de este tratamiento porque el alveolo no digiere bien los cárnicos. O sea, te puedes ahogar si se te va chueco el taco por reír y comer al mismo tiempo.

El corazón también late más deprisa y se sincroniza con el de los amigos para hacer una orquesta de percusiones. El sentido del humor le cambia el ritmo a la vida y las manecillas del reloj que la melancolía detiene, se liberan y avanzan con la taquicardia que genera la felicidad. Es decir, el tiempo se te va volando. Y no solamente el sistema cardio-respiratorio se ve fortalecido; un efecto secundario muy importante de estas sesiones de tacoterapia es de tipo oftalmológico. Con la salida a un restaurante o puesto de tacos, más la alegría de la compañía, ganamos en perspectiva. La palabra «alegría», viene de aligerar. La pesadez propia de la digestión taquera se ve contrarrestada con la liviandad del sentido del humor, que nos levanta como en un globo aerostático y permite mirarnos y mirar nuestros problemas desde otro punto de vista: uno más elevado que sólo alcanzamos si podemos reírnos de nosotros mismos, de nuestras pequeñeces y fragilidades. Así la tacoterapia y las carcajadas con los amigos nos ayudan a ver que nuestros problemas no son tan grandes y, desde esta óptica nueva, son más manejables y menos amenazantes.

• Silencioplastía

Una ventaja que ofrece la tacoterapia es que mientras el otro está comiendo tiene que mantener la boca cerrada (o por lo menos así lo señalan los cánones de la moral y las buenas costumbres), lo que puede favorecer una actitud sumamente subversiva en el mundo contemporáneo que se caracteriza, entre otras cosas, por ser ruidoso y rápido. Me refiero al silencio, a la actividad de hacer silencio, no sólo «cerrar el pico» sino escuchar, viajar al mundo interior, estar para el otro y ser con él.

Hay muchos silencios. Hay el que se da en quien recibe la cuenta de los tacos y no le alcanza para pagar. Otro es el de quien está molesto o enchilado con el taquero por la salsa tan picante que le puso a la comida. Uno muy molesto es el silencio de la indiferencia, ese que se observa en la pareja que fue a la taquería cuando en realidad quería ir al sushi. Si te fijas, los silencios hablan. Por ejemplo, este último dice «te hice el favor de acompañarte pero te lo cobro. Como no me hiciste caso de ir al sushi yo te hago cosa con mi apatía».

Yo me refería, en el tratamiento tacoterapéutico funcional, al silencio que te nombra. Ese que te recuerda quién eres, que te dice que eres importante y que, como se hace frente a un espacio sagrado, se guarda silencio respetuoso.

El silencio acompaña y, como el agua de horchata para los tacos, así te ayuda a digerir mejor las dificultades. Paradójicamente, ser escuchado por una persona que te estima y te lo dice con su mirada –con su atención, con su disposición–, no siempre con su voz, es la mejor estrategia de combate frente a los dragones ruidosos, ensordecedores de la pesadilla, la culpa, la nostalgia, la confusión. Este silencio a una, dos o a varias voces es el que ayuda a enfrentar nuestros miedos a través de la poderosa simplicidad de quien te acompaña a comer unos tacos y confirma lo escrito por Jaime Sabines cuando afirma que «las mejores palabras del amor están entre dos gentes que no se dicen nada» y te permite a ti responder como lo canta Mexicanto:

Me basta el silencio

cuando es tuyo y significa comprensión.

Me basto yo si tú me quieres como soy.

5. REASIGNAR:
Resignificando retos

Frente a los retos o problemas que nos plantea la vida, hay personas que responden o te recomiendan responder con la frase «hay que resignarse». Creo que en muchas ocasiones hay algo de sabiduría en ello pero, en otras, más bien es una manera disimulada o indirecta de decir «ya ni modo», «no hay nada que hacer». Detrás de esa invitación muchas veces se oculta esta filosofía estoica que en México se traduce en esa receta de «agua y ajo». Traducida en «aguantarse y a joderse». Finalmente, detrás de todas ellas, hay la idea de «no queda otra».

No sé qué opines tú, pero eso de aguantar es más bien para los muros y las columnas y, vivir en el determinismo donde hay una sola ruta y no hay posibilidades, me pone un poco nervioso. ¿De verdad no queda de otra? ¿No hay alternativas?

Yo no lo podría afirmar para todos los casos y circunstancias, pero he tenido la oportunidad de conocer a algunas personas que me han enseñado con su rebeldía, utopías y actitudes subversivas, a ponerle banderillas a la embestida del determinismo. Desde estos testimonios me he dado cuenta de que la verdadera resignación es:

a) Un «re-asignar». Un proceso de redefinir qué es lo importante y qué no lo es tanto en cada momento. Hay circunstancias o experiencias que sirven como esos coladores que separan los granos valiosos de los granitos menores que no tienen tanto sabor.

Es una paradoja interesante reconocer que cuando «no hay nada que hacer», sí hay mucho por ser, por querer, por cambiar. ¿No te parece que cuando no puedes cambiar las circunstancias lo que sí puedes cambiar son cosas de ti mismo? Hay momentos, muchos, en que no puedes cambiar al mundo, lo que sí puedes modificar es tu mundo interior. Se mueve la jerarquía de tus prioridades: se trata de re-asignar el orden de los valores como si se re-etiquetara el precio de los productos de una tienda.

b) Re-signar. Volver a firmar las experiencias, ser signatarios de las mismas.

Así podemos rubricarlas con nuestro sello y hacer que estos incidentes no sean únicamente un *collage* de vivencias inconexas, sino que se estructuren y formen nuestra biografía. Creo que es difícil –pero útil y necesario– aceptar la responsabilidad de nuestras circunstancias. Aunque no podamos modificarlas, podemos asumirlas como nuestras.

c) Re-significar. Dar un significado diferente.

Dicen que la experiencia no es solamente lo que te pasa sino, más bien, «lo que haces con lo que te pasa». Esto significa que, generalmente, cuando te ocurre algún incidente o accidente, cuando la vida te da un golpe, en muchas ocasiones realmente te da dos.

El primero es lo que ocurre. Por ejemplo: tienes un accidente, se muere alguien, pierdes algo, sufres un asalto, etc…

El segundo golpe es lo que te dices a ti mismo de lo que ocurrió. Por ejemplo: qué idiota que no me cuidé, soy un imbécil, fue mi culpa, etc…

En muchas ocasiones, el primer golpe es inevitable; dicho de otra forma, simplemente ocurrió y en verdad las causas pueden estar fuera de nuestro control. Sin embargo, el segundo golpe, es decir, el cuento que nos contamos de lo que ocurrió, puede ser contado o escrito desde muchos puntos de vista. Incluso puede re-escribirse y generar, a partir de una nueva narrativa, significados distintos y un sentido nuevo.

Por ejemplo: una discapacidad puede vivirse en versión telenovela «vivió atado a una silla de ruedas» o afirmar, simple pero contundentemente, «mi vida marcha sobre ruedas». Ves: la condición objetiva puede ser la misma, sin embargo el significado, el sentido y la narrativa son totalmente diferentes.

Quiero compartirte algunos de estos aprendizajes y platicarte quién o qué circunstancias concretas me los regalaron.

Alargar o ensanchar

Hay una película muy buena que se llama *Mar Adentro*. Si no la has visto, te la recomiendo. Narra la historia de Ramón Sampedro, quien, siendo un joven de veinticinco años, se tira un clavado en el mar y se golpea con el fondo rompiéndose el cuello y adquiriendo una cuadriplejia. Es decir, pierde para siempre la capacidad de mover del cuello para abajo. Tampoco puede mover ni los brazos ni las piernas.

Así permanece en su cama varios años hasta que decide que la vida no tiene sentido y que se quiere suicidar. El problema es que, siendo cuadripléjico, no se puede suicidar, por lo que necesita que alguien «lo suicide». En fin, es una trama controvertida y muy bien presentada.

El asunto es que yo tuve la oportunidad de ver esta cinta en el cine. Además, por una cuestión de accesibilidad, la vi antes que nadie en la sala. O sea, delante, en la primera fila. Esto me permitió no solamente ver literalmente la pantalla grande, sino que además, en varias ocasiones, me pude voltear y ver la cara de los espectadores. La expresión de sus rostros que supongo se parecía a la mía.

Me parecía muy interesante que mientras en la pantalla una persona planteaba sus razones para morir, quienes la veíamos éramos confrontados en nuestras razones o sinrazones para vivir. Es paradójico cómo frente a alguien que puede plantear una decisión tan diferente y extrema, uno puede aprender y descubrir algo. O por lo menos plantearse algunas preguntas.

Dicen que Victor Frankl en algunas ocasiones preguntaba a sus pacientes: «Usted, ¿por qué no se suicida?». Según entiendo, lo que le respondían era algo así como: «Cómo cree, doctor Frankl. ¿Qué sería entonces de mi hijo, esposa, hermano, etc…?». La pregunta, tramposa pero terapéutica, ayudaba a descubrir razones «para qués», y sobre todo, «para quiénes» seguir viviendo y haciéndolo con un sentido. Se nos aparecen «más de cien palabras, más de cien motivos para no cortarse de un tajo las venas», que genialmente canta Joaquín Sabina.

De manera más cercana y contundente recibí una lección de vida de un niño que en ese momento tenía siete años, Daniel. Lo conocí en un evento de la Fundación Teletón el día en que le confirmaban su diagnóstico: distrofia muscular de Duchenne. Esta enfermedad provoca que se vaya perdiendo gradualmente el tono muscular y la movilidad hasta que llega un punto que se paraliza la respiración. Es un pronóstico terminal con el cual difícilmente se alcanza la adolescencia. Cómo me impactó escuchar esa noticia de la propia mamá de Daniel; me sonaba a sentencia de muerte y estábamos en medio de un ambiente de música, luces y globos en un festejo con varios niños. Así no debía ser. ¡Qué rebeldía me generaba!

Me fui conduciendo hacia mi casa de regreso de ese evento y, en todo el trayecto, me fui preguntando ¿por qué? ¿Por qué un chavito como Daniel tiene esa enfermedad? ¿Por qué pasan estas cosas? Una serie de preguntas estúpidas o mal planteadas porque no tienen respuesta.

Cuando le compartí mis cuestionamientos a mi amigo, a mi hermano Eduardo Garza, me contestó que hay ocasiones en que en las preguntas están las respuestas. Hay quien dice que el hombre se puede definir por las preguntas que hace. Heidegger decía que «el hombre es el ser que pregunta». El Garza me dijo: «Si tú descubres algo de ti gracias a la vida e incluso gracias a la enfermedad de Daniel, su vida corta o larga adquiere un gran sentido». Ese día me di cuenta de la sabiduría de mi abuelo, que me decía: «Mira, viejo, la vida no siempre se puede alargar, pero siempre, siempre, se puede ensanchar». En vidas más anchas caben más colores, más experiencias, más personas.

Mientras tú lees este libro, no sabemos dónde anda Daniel. Sin embargo, estamos pensando en él. Eso yo creo que es trascender, es dejar huella, es demostrar que enfrentar la adversidad no solamente templa el espíritu propio, sino que además nos puede servir de inspiración a otros. El testimonio de Daniel es una provocación que invita a dejar huella en el corazón de los demás. Algunas serán huellas de pisadas, otras de ruedas, otras de ideas, pensamientos, emociones o cariño. Pero creo que en todas se podrá notar la intención de ensanchar nuestra vida ensanchando la de otros.

La inutilidad de la perfección

No sé si a ti te ocurre lo mismo, pero a mí las personas «muy perfectas», esas que no se equivocan, que siempre parecen tener razón, de las que Sabina dice que se ponen «gomina para que no las despeine el vientecillo de la libertad»; esas que parecen no necesitar de nadie porque son una versión perfeccionada de Superman o Superwoman, a mí me han servido de muy poco en la vida. Son tan «perfectitas» que me hacen sospechar que puedan ser marcianos. Mejor dicho, «perfeccianos» del planeta «Perfectón», donde la gravedad de su ego hace que nuestra energía sea atraída a ellos como agujeros negros de la emoción. ¡Ah, cómo cansa estar cerca de ellos! Bueno, eso de estar cerca es sólo un decir: a ellos no se les puede estar cerca, si acaso abajo, siempre en una posición subordinada, de admiración masoquista (temerosa y distante). La soberbia de sentir que siempre se tiene razón las hace sentir estrellas o soles. Sin embargo, su luz deslumbrante sólo ciega sin iluminar, como un conejo frente a un reflector que lo deja aturdido, hipnotizado y paralizado.

Es muy importante destacar que esta persona que se siente «perfectita» y no necesita de otros para su desarrollo, se nos puede aparecer en el espejo. Es decir, podemos ser nosotros mismos.

Presentar únicamente nuestra faceta políticamente correcta asombra a los demás, como sucede con un político en campaña, para que no se note o ni siquiera se sospeche nuestra pequeñez, nuestra incongruencia, nuestra humanidad, ganamos votos de soledad y perdemos posibilidades de encuentro. Nos sentimos una fuente de luz y más bien nos convertimos en una sombra para el desarrollo de otros.

A mí me gusta mucho más lo que nos recuerda Serrat cuando canta: «Puede que a ti te guste o puede que no, pero el caso es que tenemos mucho en común». En mi vida han sido más útiles e inspiradores esos imperfectos, incongruentes, neuróticos, locos, que abren su corazón y que, desde la fragilidad y la humildad, enseñan que el amor no se arranca, ni se exige, ni se roba. Esto lo aprendí de Fernando Landeros, mi amigo Chobi, presidente y fundador de Fundación Teletón. Con su sencillez de cuate me enseñó que el cariño se invita, se espera, se regala, se recibe y se agradece. De no ser así, no habría reportajes, testimonios de niños y familias con discapacidad que inspiran a la superación. Es una paradoja hermosa atestiguar esa parálisis que mueve. Cómo un chavito frágil, sonriente, travieso, que tal vez no se puede parar, pero al final y esencialmente niño, puede poner de pie a un país para lograr tener el sistema de centros de rehabilitación infantil más grande del mundo.

En el vacío de la noche oscura del alma, se abre el espacio que podrá llenarse de amor, de cariño, de comprensión. Por eso, la oportunidad de conocer el corazón vulnerable, humano, hermosamente imperfecto de Chobi me explica su capacidad de entender tan bien a estos chiquitos con discapacidad y cáncer y trabajar con ellos y por ellos todos los días.

Pero, ¿no crees que no sea bien difícil vaciarse de tonterías para dejar espacio a lo importante? A veces esto ocurre en los momentos más rudos de la existencia, cuando te sientes débil, derrotado, solo y vacío. Desde el silencio, la vida te susurra: «Bienaventurado hermano porque tu vacío es como un asiento libre del metro donde, estoy seguro, que querrá viajar el amor contigo. Déjalo subir, déjate llevar. Invítanos al viaje de tu alma». ¿Sabes?, creo que nuestras sombras ayudan a que la vida tenga más profundidad y además así la luz de los demás también brillará más. Aceptar y hacerle caso a nuestros miedos, a nuestras dudas, a nuestras emociones nos permite transformarnos en mineros que en lo recóndito de cuevas tenebrosas descubriremos, sin duda, diamantes especiales que podemos poner al servicio de los demás. Por eso creo que el alma del ser humano es como una corrida de toros. El corazón se viste de luces con sus ilusiones y utopías, pero requiere también de la sombra bestial del toro, de las emociones e imperfecciones para que surja el arte. En la fiesta brava de la vida hay que tomar la alternativa, vestirnos con traje de luces y esperar frente a la puerta de toriles a que salgan nuestras discapacidades, nuestra sombra que con trapío nos embiste y nos invita:

Salta al ruedo.
No te ocultes detrás del burladero,
no me ahogues con tu perfección,
pisa los terrenos comprometidos.
Sé torero de verdad y no figura de ficción.

Dibuja con pausa unos lances,
hila con errores y aciertos la faena,
porque a veces en hombros y a veces cornados
terminaremos la lidia y podremos decir: valió la pena.

La fortaleza de la fragilidad

Desde la dimensión del arte, y con la genialidad de su expresión plástica, mi amigo Rafael Cauduro me ha enseñado varias cosas. De él he aprendido que para pintar se necesita educar la motricidad fina que controla el pincel, pero sobre todo afinar la mirada para descubrir que las circunstancias tienen muchos planos de realidad. En sus cuadros hiperrealistas la sensualidad de la vida de hombres y mujeres se sobrepone a la frialdad de un metal, a la seriedad inanimada de un muro o un paisaje urbano.

Recuerdo un día que un niño de alrededor de siete años le preguntó: «Rafa, ¿por qué tus cuadros parecen viejos y gastados?». Gran pregunta, ¿verdad? El maestro Cauduro, con esa compleja sencillez que lo caracteriza, le explicó que el deterioro que simula en sus obras, es decir, «lo viejo y lo gastado», es una metáfora de la vida frente a la inmutabilidad de la muerte. Dicho en términos infantiles, le respondió: «Si tú en la mitad de la selva limpias muchísimo un espacio y lo haces "aséptico", o sea, sin nada de bichos y lo abandonas, después de un tiempo como que se ve echado a perder. Eso que parece echado a perder, se llama deterioro y es la vida que lucha y trata de ganar ese espacio que lo aséptico le quitó. La asepsia no es vida, es aburrida como la muerte. Por eso mis cuadros los hago como deteriorados porque quiero que reflejen cómo la vida le gana a la muerte».

Vaya, hasta los grafitis toman vida y resultan las lágrimas de una ciudad que necesita expresar y externar sus pasiones.

¡Ah, cómo disfruto, aprendo y me divierto con Rafa! Él se fija y descubre matices en el entorno y en las personas que yo paso fácilmente por alto. Es fijado, observador, crítico y envidiablemente libre. Si no lo conoces o no eres su amigo, te sugiero que te hagas su amigo, es a todo dar; o por lo menos acércate a su obra, es genial.

Entre los muchos temas que Rafa Cauduro me ha invitado a mirar desde puntos de vista distintos, está el de la discapacidad. Con su camisa salpicada de pintura, compartiendo con él un desayuno de quesadillas y frijoles, debajo de un árbol de Jacarandas en el jardín de su casa me decía que «la discapacidad no es una característica de algunas personas, sino que es la condición del ser humano. Esencialmente el ser humano es un ser discapacitado. Fíjate, cuando el hombre primitivo agarró un palo para darle un garrotazo al de al lado, en ese momento, usó la primera prótesis. Esto se fue sofisticando y hoy usamos un montón de prótesis. Hay unas que se usan en los pies y se llaman zapatos. El hombre es un "mono desnudo" que tiene que usar ropa, la cual no es otra cosa más que una prótesis de la piel. Usamos unas sillas de ruedas que tienen motor y llamamos coches, sin los cuales no es posible actualmente desplazarnos. Tenemos todo tipo de computadoras, teléfonos y demás aparatos que auxilian y en ocasiones suplen la comunicación y hasta la memoria».

Estos conceptos platicados están muy bien, ¿no te parece? Pues tendrías que ver alguno de los cuadros donde se plasma esto. Hay uno que se llama *4 prótesis* que en lo particular me gusta mucho. Es un conjunto de cuatro placas de acero. En cada una hay un hombre o una mujer desnudos cuya imagen está como borrada, difuminada y parece que se confunde con el óxido del metal. Lo que sí se distingue claramente, y está perfectamente detallado y parece increíblemente real, son cuatro prótesis, una en cada cuadro: un cepillo de pelo, un contacto de luz, una pistola de pelo y unos zapatos. Todas estas cosas que son necesarias e indispensables para la vida moderna.

Cuando vi este cuadro en la sala de Rafa, me surgió la pregunta: ¿La pistola de pelo también? ¿Será un artículo de primera necesidad? Oye, pregúntale a cualquier mujer, sobre todo a una de esas histericonas con peinado de pastel de bodas, caricaturas de diseñador de modas, y lo sabrás. Además, hay algunos casos en que sospecho que sus zapatos de tacón funcionan como prótesis del ego y quienes los usan para ello alcanzan tamaños que otros solo podemos imaginar. Eso sin considerar las ayudas ortopédicas y quirúrgicas que se implantan para no asumir su envejecimiento. Muletas de la eterna juventud en un mundo donde envejecer no está de moda.

Perdón, me desvié con las histéricas y sus discapacidades. Regresando y continuando con la óptica del Rafa, resulta entonces que la discapacidad es el motor de la cultura. ¿Cómo se entiende eso? Pues resulta que la insuficiencia del ser humano, sus necesidades, su fragilidad frente a un entorno adverso y agreste, su desnudez, su limitación, lo han llevado a inventar, crear y generar respuestas cada vez más complejas y elaboradas. Es decir, a hacer cultura. Rafa por eso define la cultura como «una serie de remedios urgentes para sobrevivir».

La cultura, entendida como cultivo de nuestras capacidades, paradójicamente surge de nuestras discapacidades. Andamos inventando cosas, haciendo música, arte, desarrollando tecnología, en fin cultivando, no porque nos sobre sabiduría, sino más bien porque la necesitamos. Por ejemplo, no vivimos para hacer filosofía. Filosofamos para vivir, para entender y entendernos mejor. La filosofía no es únicamente una disciplina académica, es una disciplina vital. El motor de la cultura y del aprendizaje está en la pregunta, ésta es la chispa que enciende la gasolina de la ignorancia y nos mueve hacia el conocimiento. Esta propuesta es bastante revolucionaria porque cuestiona la concepción del ser humano como *homo sapiens*, como el ser que sabe. Asumirnos discapacitados nos regala la oportunidad de entendernos como *homo insipiens*, el ser que ignora.

Ojo, no es garantía el ignorar. Puede haber quien confunda la sinceridad y la humildad de reconocer las propias discapacidades con el cinismo y la comodidad de estacionarse en ellas. Dicho de una manera más gráfica: no es lo mismo tropezar y caer en un charco de lodo, mero accidente que invita a bañarse y seguir en el camino, que caerse en un charco de lodo y revolcarse esperando o arrastrando a otros a caerse. Es decisivo, también, querer saber, querer crecer, querer desarrollarnos porque sino podemos caer en lo que el muy citado Rafael clasifica como las discapacidades que ofenden. La indiferencia, la prepotencia, el abuso, la represión desde el poder autoritario, la irresponsabilidad, etc…

Trampa o trampolín

La discapacidad no solamente es el motor de la cultura, también puede ser un vehículo, un medio de transporte al centro de nuestro ser; un «turibús» de autoconocimiento por nuestro mundo interior. Claro, este viaje no es un despegue suave ni un zarpar de barco con despedida cursi de pañuelos blancos. Más bien es una especie de itinerario turístico invertido que parece empezar por el final. Una expedición que inicia con un naufragio o un aterrizaje forzoso que derrumba las certezas, las concepciones fundamentales y los paradigmas, pero no únicamente de las personas con discapacidad, sino también de quienes los rodean: familia, amigos, escuela, trabajo, comunidad y la sociedad en su conjunto.

Ya ves que en la realidad radical que es nuestra vida, lo que hacemos, lo que elegimos nos lleva a iluminar, a resaltar aspectos de nuestra realidad y, por tanto, a dejar otros en la penumbra. Vivimos siempre desde algún lugar, desde algún tiempo, desde alguna certeza. Ortega y Gasset diría: «El vivir se hace siempre desde o sobre ciertos supuestos, que son como el suelo en el que para vivir nos apoyamos o del que partimos». De esta forma estamos parados sobre nuestras creencias y sobre ellas construimos ideas y damos significado a nuestro existir. Las creencias son algo así como los cimientos existenciales donde se apoya el edificio de nuestras ideas y nuestras decisiones.

El impacto del naufragio ofrece la ventaja de poder identificar las estructuras firmes y también reconstruir lo que no funciona.

Una extraordinaria descripción de una expedición de éstas, una bitácora de este naufragio inicial con terremoto incluido, es la novela *Una cuestión personal*. En ella se narra la historia de un escritor joven que, al asistir al parto de su hijo, recibe la noticia de que éste ha nacido con una bola terrible en la cabeza y una discapacidad intelectual muy severa. Al enterarse de esto, y mientras la esposa está en la sala de recuperación, acuerda con los doctores que dejen morir al niño. Lo que ocurre después es una crisis, dilema intenso, cuestionamiento desgarrador que es como una cirugía a corazón abierto del protagonista en cuestión.

Desde mi punto de vista esta novela logra generar el nivel de angustia, culpa y reflexión de un *Crimen y castigo* de Dostoievsky. El desenlace es un cambio de decisión: el hijo es operado y sigue viviendo. Al mismo tiempo, es un despertar a la responsabilidad existencial del protagonista. Digamos un parto doble, de padre y de hijo. Bueno, éste es mi resumen, te recomiendo que leas el libro porque es mucho mejor. Lo más valioso de esta historia, además de su impecable calidad literaria, es el hecho de que se trata de una novela autobiográfica. El autor (y a la vez protagonista) es Kenzaburo Oé, premio Nobel de Literatura 1994. Su hijo, Hikari Oé, a pesar de su discapacidad o tal vez gracias a ella y al compromiso de su padre en su desarrollo, es hoy un compositor de música.

Hay quien afirma de Kenzaburo Oé es uno de los más grandes escritores vivos y premio Nobel porque ha dedicado sus obras a entender a su hijo y, sobre todo a través de él, también a entenderse a sí mismo. Al aceptar a Hikari, Oé transita el hermosamente complicado recorrido de aceptar sus propias mezquindades y sus legítimas limitaciones. Aceptó la invitación a descender a los rincones desaseados, descuidados y no muy acogedores para pararse en otro lugar y ver la sombra que debajo de sus inciertas seguridades se dibujaba. De este encuentro surge una acústica diferente en la música de Hikari y una prosa poderosamente humana y humanizante en la literatura de Kenzaburo.

Otro ejemplo más cercano y además muy querido por muchos mexicanos es el de Germán Dehesa. Tuve la oportunidad de escuchar a Germán narrar su experiencia de infancia y juventud con su hermano Ángel, quien tenía parálisis cerebral. Según platicaba Germán, cuando sus papás salían de casa y se quedaban solos los dos hermanos, Germán le contaba y le actuaba cuentos e historias. Parece que Ángel era un público muy exigente. Y, como no hablaba, si la historia y la actuación le gustaban, simplemente apretaba la mano de Germán. Si no le gustaban, sencillamente la soltaba.

Era muy simpático escuchar a Germán reconocer que «se le iban acabando las historias para contarle». Por eso se puso a estudiar, a leer, a desarrollar sus capacidades histriónicas. Reconocía que él se había convertido en Germán Dehesa escritor, periodista, editorialista, actor, literato, gracias a su hermano Ángel Dehesa. Por eso muchos de sus proyectos llevaban el nombre de su hermano. Su columna en el periódico era «La Gaceta del Ángel»; su programa de televisión era «El Ángel de la Noche». Tributo y reconocimiento a un hermano que desde la compañía silenciosa inspiraba, enseñaba, exigía y transformaba.

No solamente ocurre esto con hombres de letras, también hay familias que se suben al tren del descubrimiento. Como ejemplo, te comparto una:

Mamá. Mi amiga Liliana me compartió con la ternura y la sinceridad femenina que el día en que nació su primera hija tenía un encontronazo de sentimientos. Por una parte, sentía la tristeza de quien asiste a la muerte de la niña con que ella había soñado en su embarazo y por otro lado… nacía JULIANA. Con ese encanto que le dan a su rostro unos preciosos ojos verdes rasgados por el síndrome de Down.

De acuerdo a lo que me dice, el susto, el desconcierto inicial y el miedo por la duda genuina de «¿Qué va a pasar?» no se desaparecieron como por arte de magia, aunque sí se encogieron de una manera muy importante cuando recibió en sus brazos a Juliana. Claro, como tú bien sabes, no todo se resuelve en el flechazo inicial. La inquietud y energía de Juliana han retado a su mamá a crecer. Lili ha crecido en:

a) El saber: se ha especializado académicamente en Comunicación Humana y Educación Especial.

b) El hacer: dirige la Asociación Unidos Somos Iguales en Cuernavaca, en la cual cientos de jóvenes con y sin discapacidad conviven y descubren juntos sus capacidades.

c) El ser: es testimonio del desarrollo interior que regala el ser mamá de dos niñas.

Hermana. Cuando le pregunté a Elena ¿cómo es tu hermana?, me respondió con esa sonrisa pícara que derrite: «Pues Juliana es muy inquieta, a veces molesta un poquito, pero es muy divertida, ruidosa y se le ocurren cosas superdivertidas que a nadie más se le ocurrirían».

¿No crees que es muy estimulante escuchar a una niña de nueve años mirar con asombro a su hermana mayor? A mí me parece esperanzador saber que hay personitas como mi amigaza Elena, que se ha dejado tocar por la vida de una hermana mayor como la suya.

Yo no sé qué vaya a ser de grande Elena. Puede que gimnasta, porque siempre la veo con su leotardo naranja. Actualmente es una descubridora de capacidades. Y eso, ya la hace grande.

Papá. «Después de la noticia inicial me sentía confundido, un poco lejano. A mí lo que me empezó a seducir de Juliana, por donde me ganó, fue por el aroma. Olía rico, así me conquistó.»

¿Cómo ves? De la inspiración de un aroma a la propuesta de una estética diferente. Ya hablé antes del papá, se llama Rafael Cauduro.

La seriedad del humor

Recuerdo que en una ocasión alguien me preguntó: «…y tú ¿cuánto tiempo tardaste en salir adelante?».

Le respondí: «¿Y a ti quién te dijo que yo ya salí adelante?».

Es divertida esa frase de «salir adelante», ¿no te parece? Lo de salir todavía se entiende, sales de un problema, de una dificultad, de una cirugía, de un pendiente. Pero eso de adelante… ¿Adelante de quién o de qué? ¿Se podrá salir detrás?

Me parece que hay incluso situaciones en que la sensación ni siquiera es de que sales, más bien te sacan. En mi caso yo estaba tan atarantado y afectado que los que me rodeaban lo que hicieron fue hacerle caso a esa canción que poéticamente dice «sacaremos ese buey de la barranca». Así, de manera ni heroica ni autosuficiente, heme aquí fuera del barranco.

En fin, creo que lo importante es que esa pregunta sobre salir adelante supone una visión muy fija de la vida. Una manera tipo «taller mecánico» de entender las experiencias humanas. En la cual frente a un choque a uno se le debe reparar, darle hojalatería, alineación y balanceo para volver a salir a la carrera competitiva de la vida. Ésta me parece que es una aplicación demasiado literal de la definición original de resiliencia. Entendida desde la óptica de la física como la capacidad de un material de retomar su forma original después de recibir un impacto. En mi experiencia, una persona no regresa a su «forma original» después de un impacto existencial considerable. Para bien o para mal, uno es transformado por los acontecimientos y encontronazos y también por lo que puede aprender o decidir frente a ellos. Yo, como dice Joaquín Sabina, creo que «la vida no es un bloc cuadriculado, sino una golondrina en movimiento» que nos va preguntando diferentes cosas a lo largo de nuestra existencia. Así también me enseñó mi amigo Eduardo Garza qué es la amistad. Es como una conversación permanentemente inacabada. Muy cierto, ¿no? Con un amigo siempre te falta tiempo y te sobran temas y asuntos por compartir y conversar. Así me pasa a mí y puedo cantar con él que:

> Tengo un amigo con quien ganas
> cuando pierdes tiempo y con quien
> las escaleras se hacen rampa,
> las telarañas, un arnés.

Además, de este diálogo surge la constatación gozosa de que, además de los hermanos que la vida nos regala, podemos elegir entre nuestros amigos algunos hermanos. Ellos son una buena receta para prevenir una patología muy peligrosa. La enfermedad de la solemnidad. Ésta hace que nos tomemos todo el tiempo y en todo espacio demasiado en serio. Si no se detiene oportunamente este trastorno, surgen complicaciones adicionales cuyo síntoma funcional más evidente es la deficiencia vital de no sonreír. Esto se traduce en una discapacidad sensorial. La discapacidad de la petrificación. Ésta se caracteriza por la carencia de un sentido. El sentido del humor.

Es bueno y útil reír, sobre todo reírse de uno mismo. Con esto no quiero decir que ésta sea una receta universal y para todo momento. Pero sí ayuda, como tratamiento alternativo, como «La Luna» de Sabines a «los que se han intoxicado de filosofía».

Yo conozco algunos congéneres así, intoxicados de filosofía; seguro que tú también. Esas damas y caballeros que están congestionados de razón. No usan la razón, la tienen, la poseen. La han buscado y adorado tanto que, como dice mi amigocha Alicia Molina de una persona de éstas: «Como quería tener siempre razón, terminó quedándose sola con ella». Mal pronóstico, ¿no te parece? Quedarse solo y empachado. Con este atracón de solemnidad. ¡Qué indigestión!, y además, para coronarla, el retortijón de la soledad.

Frente a este síndrome he observado –a veces en otros y he de reconocer que muchas veces en mí– que hay algunos tratamientos:

• El vómito. Este procedimiento consiste en proyectar en otro nuestras frustraciones. Es decir, no sólo se depone, sino que se vomita uno encima de otro. Esta solución (que como ya seguro identificas es más bien otro problema) se nota frecuentemente en la sintomatología del uso permanente del sarcasmo y la ironía. Sintiéndome potencialmente herido y con la intención de volar sobre el pantano sin ensuciarme el plumaje, me río de ti porque así el asco lo das tú y yo sólo me purifiqué sacando lo que es impuro.

Esto lo he notado en mí. Sobre todo cuando no me llevaba tan bien con mis discapacidades físicas. Lo que pasa es que, maravillosamente, descubres un montón de discapacidades en los que te rodean. Claro, a veces, también ponen de su parte. Por ejemplo, cuando vas a hacer un viaje en avión es muy común que te pregunten: «Oiga usted, ¿no camina nada, nada, nada?». En los primeros vuelos que hice, por supuesto que contestaba con un sarcasmo negro: «Sí señorita, es que me da una flojera terrible caminar». Luego aprendí que la señorita no era sádica ni bruta. Lo que realmente quería saber es si yo necesitaba una «silla pasillera», es decir, una que pueda pasar en el pasillo del avión entre los asientos para llegar hasta mi lugar. Claro, ya habrás intuido que hay efectos secundarios de esta terapia. El Garza (no confundir con un ave de plumaje exuberante y libre de lodito, sino mi hermano de la vida) me hizo notar con qué facilidad te puedes convertir en un soberbio bulímico si sigues esta profiláctica recurrentemente.

Para no caer en la bulimia, se receta una solución muy poblana que se conoce técnicamente en los círculos científico-médicos como «tragar camote». De acuerdo al doctor Garza y a la Real Academia de la Lengua Española, «hacer movimientos voluntarios o involuntarios de tal modo que algo pase de la boca hacia el estómago», lo que permite digerir y asumir nuestra responsabilidad. Para nutrirnos de vitalidad y de humanidad es necesario asimilar y metabolizar nuestros errores y nuestras imperfecciones.

• Laxante. A mí me parece mucho mejor el tratamiento del humor como auxiliar en la evacuación del exceso de razón y al recargo de solemnidad, ¿no crees? Porque cuando este laxante existencial hace su efecto, se aligera uno de la carga extra y se vive un alivio que es profundamente «humanizante». «Regarla», equivocarse, vamos, lo que en lenguaje técnico se conoce como «cagarla», puede ayudar en algunos momentos de la vida a ampliar y mejorar nuestro repertorio de desarrollo humano.

Lo que ofrece una situación incómoda, un error o un tropiezo es como el abono para que crezca nuestra capacidad de aceptación positiva incondicional. En especial con quien a veces somos los más severos: con nosotros mismos. Esta mirada de compasión hacia nuestra imperfección nos fortalece porque permite incluir en nuestro autoconcepto tanto nuestras cualidades como nuestras flaquezas. Por eso el sentido del humor es como la plantita de vida que no puede echar raíces en la piedra seca de la razón y la perfección. La discapacidad de la petrificación no favorece las condiciones del desarrollo. La vida florece en el *humus*, en la fecundidad de lo humano, en el humor.

Reírse de uno mismo es confiar en una antropología filosófica en la cual una persona es más grande que sus problemas. La comicidad de nuestras incongruencias nos confronta y nos pregunta: ¿qué tanta confianza tienes en la vida, en la naturaleza, en Dios o en un poder superior a ti mismo? ¿Cómo te ves a ti mismo y a tu vida?

El Garza una vez me dijo: «Font, tú sabes que yo no soy de dar consejos, pero no tomes en serio a alguien que no tenga sentido del humor». Facundo Cabral lo advertía: «Hay que cuidarse del que no canta porque algo esconde». Y el que algo esconde no es confiable, por eso no se le puede tomar en serio. Confiar para sonreír y sonreír para ser confiable.

Una carcajada, sonrisa o simplemente una mirada de humor frente a una dificultad es como un flashazo que nos ilumina la cara positiva de la existencia. Estos relámpagos que regalan esta luminosidad no son chispitas de risa fácil o fuego artificial. No es un asunto de payaso o chiste. Para que se encienda el fuego de la alegría realista y útil se necesita una chispa que se produce del choque de dos dimensiones aparentemente irreconciliables: la confianza y la incongruencia.

En esto la maestra se llama Rosa María Escalante, mejor conocida como Roo. Es mi vecina en Cuernavaca. Te cuento un poco de ella. Es traviesa y, cuando tenía alrededor de quince años, se metió en un campo de golf a sacar unas pelotas de un lago. Un vigilante que estaba borracho le disparó y la lastimó en el cuello. Desde entonces vive con una cuadriplejia. Mi amiga Roo no puede mover del cuello hacia abajo. Estudió una maestría en Historia del Arte y es una artista plástica supercreativa. Pinta sosteniendo el pincel con la boca. Me gustan sus óleos y sus acuarelas.

Un día mientras platicábamos en mi casa le mandaron decir que se fuera ya a comer a su casa. Respuesta: «Diles que voy corriendo». Después me comentó: «Así no van a saber si es muy rápido o tendrán que esperar mucho; a que vuelva a caminar y después a correr».

Como ésta, Roo tiene miles de ocurrencias cotidianas. En circunstancias solemnes: «Perdón que no me ponga de pie». Cuando se le pide cordura: «Pues yo, realmente, no tengo los pies en la tierra». Detrás de todas ellas se intuye una sabiduría que relativiza los usos y costumbres sociales. Puede sonreír frente a la adversidad porque tiene una certeza, o por lo menos confianza, de que las cosas pasarán y llegarán a buen puerto. Transfigura la oscuridad de sus dificultades y las incongruencias que le presenta la existencia en faros que orientan y dan rumbo, sentido…: el del humor.

El sentido del humor también es un gran salvavidas. Ayuda a sobrevivir, es decir, a vivir por arriba de las necesidades o condiciones meramente indispensables. ¡Qué útiles son los amigos para trascender la mera subsistencia! Alguna vez escuché que la palabra «alegría» tenía que ver con aligerar. Pues qué bien, ¿no? Los cuates te aligeran la carga y además siendo más ligero puedes elevarte un poco y mirar tus problemas desde un ángulo diferente. Ponerlos en perspectiva y, desde ahí, desde donde se ven más chiquitos, pues los abordas con más facilidad.

Eso de que ayuda a sobrevivir no es únicamente una metáfora. Hay ocasiones en que esto es literal. Como en esa extraordinaria expedición de sir Ernest Shackleton, quien, con la idea de cruzar la Antártida a pie, el 8 de agosto de 1914 se embarcó con 27 tripulantes partiendo desde el mar de Weddell hasta el mar de Ross, pasando por el Polo Sur (que el noruego Amundsen ya había conquistado). Se supone que esta aventura científica duraría 120 días en los cuales recorrerían 1.800 millas.

Lo que ocurrió fue muy diferente a lo planeado. Te comparto algunas de las vicisitudes de este viaje que, por supuesto, es mucho más largo, complejo e interesante de lo que te puedo resumir en estos párrafos:

- El 18 de enero de 1915 el barco en el que navegaban, de nombre *Endurance*, queda atrapado en el hielo. Después de estar varios meses inmóvil, el 27 de octubre se abandona definitivamente el barco, el cual se hunde por la presión del hielo el 21 de noviembre.

- Después de establecerse en diferentes campamentos y buscando rutas de salvación, el 7 de abril de 1916 los hombres abordan los tres botes que les quedaban y navegan siete días hasta llegar a Elephant Island el 13 de abril.

- Después de constatar que la supervivencia en esa isla no era viable, Shackleton decide salir en un bote a buscar ayuda. Buscando llegar hasta South Georgia, Shackleton y cinco expedicionarios más zarpan el 24 de abril de 1916. En una travesía verdaderamente increíble, entre olas monstruosas, frío indescriptible y vientos de 130 kilómetros por hora, estos hombres en su minúscula embarcación recorren 800 millas, hasta llegar el 10 de mayo a su destino. Pero, aún no el definitivo.

- El siguiente objetivo es la estación ballenera de Stromness Bay. Navegando se encontraba a 150 millas, por lo que deciden atravesar caminando la isla. Un territorio desconocido para el ser humano. Tres días de una caminata agotadora hasta llegar a la estación ballenera.

- Shackleton parte en un barco ballenero tres días después hacia Elephant Island a rescatar al resto de la tripulación. Las condiciones climáticas y el hielo les impiden llegar y deben retroceder hasta las islas Malvinas. El gobierno uruguayo les facilita un barco y nuevamente se ven frustradas sus intenciones por la barrera infranqueable del hielo.

- Shackleton y dos de sus hombres viajan a Punta Arenas (Chile) y en una goleta llamada *Emma*, hacen un intento más. Una vez más, fracasan.

- Finalmente en el *Yelcho*, un barco remolcador chileno, el 30 de agosto de 1916 logran llegar a Elephant Island.

Increíble y emocionante, ¿no? Me parece digno de destacar que en una expedición como la de Shackleton, que es un fracaso aparente porque no logró su objetivo, ni ofrece ningún beneficio o aportación científica, la parte más valiosa se refleja en esa pequeñísima pregunta que lanza Shackleton desde el barco al llegar a Elephant Island a recoger a los veintidós hombres que estaban náufragos esperándolo:

«¿Están todos bien?».

«Todos bien.»

Después de una aventura así al borde, al filo de la supervivencia durante casi dos años, SOBREVIVIERON TODOS.

Ésta es la gran noticia y el triunfo del espíritu humano que simbolizan Shackleton y su equipo.

¿Cómo lograron esto? ¿Cómo enfrentar las adversidades de un naufragio en esas condiciones y sobreponerse a ellas? Seguramente las respuestas y explicaciones son múltiples. Determinación, fortaleza, decisiones oportunas y certeras, flexibilidad, etc.

Sin embargo, uno de los factores determinantes parece estar en las características que Shackleton buscaba en sus compañeros de expedición. Se narra que en las entrevistas para reclutar a los miembros del equipo, una de las preguntas que hacía era: «¿Sabe usted cantar o bailar?». Imagínate la cara de un científico que va a jugarse la vida en una travesía tan seria al escuchar esa interrogación. Incluso a uno de ellos, al meteorólogo Leonard Hussey, Shackleton le confesó que le había contratado porque «pensé que era usted un tipo divertido».

Al imaginar el dramatismo de cada uno de los episodios de esta aventura, seguramente hubo momentos de gran movimiento, adrenalina y esfuerzo, pero también se dieron otros grandes espacios de tedio, preocupación e incertidumbre. El juego, la música, la risa y otros ingredientes del optimismo fueron la diferencia y el salvavidas de la expedición. Como ejemplo de esto está la comprobación de esa intuición que Shackleton tenía sobre Hussey cuando afirmaba: «Su jovialidad y su banjo fueron un factor vital para conseguir tener alejados del grupo los síntomas de la depresión».

Por eso el sentido del humor es un asunto de vida o muerte.

Lo central de la marginalidad

Yo no he tenido la oportunidad de ir al Polo Sur. Además, con lo friolento que soy, se me congelaría hasta la voluntad. Sin embargo, con mi hermano Garza y otros expedicionarios he podido conocer otros polos.

Igual que un científico audaz que va al Polo Sur o Norte, o a algún rincón recóndito del mundo a encontrar la cura a una enfermedad o algún dato para elevar nuestra calidad de vida o una geografía nueva para ampliar nuestros horizontes del conocimiento, hemos hecho algunas travesías a otras fronteras, a esos límites de las posibilidades humanas —los polos de la existencia— donde hemos descubierto claves útiles para el desarrollo personal. De la oscuridad, de la discapacidad, la migración, la reclusión, la exclusión social y de la muerte pueden surgir luces que ayuden a fundamentar el realismo de nuestra esperanza. Estas experiencias me han regalado la enriquecedora y olvidada oportunidad de descubrir conceptos, sentimientos, imágenes, grupos y personas que se encuentran al margen de mi estrecha visión del mundo.

Así, verme desde ese lugar que no veo, mirarme desde mis puntos ciegos, escucharme desde las voces ante las cuales soy sordo, recordar en la memoria de mis olvidos, han sido provocaciones a escuchar y mirar, pero sobre todo a escucharme y mirarme desde otras perspectivas.

Entre los inesperados tesoros que los márgenes esconden, te comparto algunos que he encontrado:

La libertad de la reclusión

Tengo un amigo que fue director del sistema penitenciario del estado de Querétaro; se llama Juan José Pedraza. Con él conocí la cárcel, ese mundo ambivalente, contrastante, rudo y muy interesante.

Juan José era un personaje raro en el mundo penitenciario. El hecho de que creyera en la posibilidad de la readaptación social lo hacía excepcional en México. Él estaba en el mundo de la pedagogía y del pentatlón cuando lo invitaron a colaborar como director de los centros de readaptación social del estado de Querétaro. Es muy simpático escuchar cuando narra su toma de protesta del cargo frente a los medios de comunicación. «Me pidieron que dijera tres mentiras en ese evento. Primero, que conocía el sistema penitenciario. Segundo, que tenía un plan y, por último, que no tenía miedo.»

Desde esta humildad, frescura, libertad y experiencia como maestro, en los CERESOS de Querétaro se instrumentaron 18 programas que apostaban al desarrollo de los internos y también de los custodios. Otras recomendaciones que le habían hecho a Juan José era que por su seguridad no comiera nada dentro de la cárcel, sobre todo si se lo daban los internos. Y que nadie supiera nada sobre su familia. «Que no sepan si eres casado, viudo o divorciado. Por supuesto nada de información sobre tus hijos.»

El primer día que estuve en el CERESO de San José el Alto para dar una conferencia, y contraviniendo todas las «recomendaciones de seguridad», comí con Juan José y los internos en el comedor. Nos formamos como un interno más y nos sirvió uno de ellos. Nos sentamos en una mesa perfectamente blanca, limpia, con un mantel de plástico y compartimos alimento, carcajadas y anécdotas mientras de fondo se escuchaba música clásica.

Después nos fuimos a un improvisado auditorio en el patio central a escuchar al grupo musical de la cárcel. Batería, teclado, guitarra y bajo a cargo de los hombres y un coro de seis u ocho mujeres. Mientras escuchábamos el concierto, me dice Juan José: «¿Ya viste a esa niña tan bonita, la segunda desde el extremo derecho que canta tan lindo? Es mi hija Rocío». Y, para rematar, al salir del auditorio me presentó a su esposa, quien se encontraba en una especie de reunión de trabajo con un grupo de internos. Me enteré entonces que de manera voluntaria asistía todos los días a promover el trabajo en los talleres productivos.

Esa noche cerró con un agradecimiento de Juan José y, tomados todos de las manos, internos, custodios, directores y el invitado incrédulo (yo, impactado) cantaron «El Sueño Imposible». En el patio central, bajo un cielo oscuro pero estrellado, frío, se terminaba una jornada. Los internos a su celda y, los que podíamos, a pasar por dos puertas, cruzar el rondín, tres rejas más y a la calle. Con la sensación de haber dejado tras las rejas el corazón.

Quiero destacar uno de los programas que fue resultado de este compromiso, de esta convicción y de la visión pedagógica: el teatro. La compañía de teatro estaba integrada por aproximadamente doscientos hombres y mujeres internos del CERESO femenil y varonil. Entre las obras que se montaron estuvieron *Don Quijote*, *Los Miserables*, *El Reflejo de lo Oscuro* y *El tren de la esperanza*.

Uno podría pensar que una compañía de teatro como ésta tendría el éxito garantizado porque, literalmente, tenía un público cautivo. Sin embargo, un objetivo muy importante en este proyecto era romper un poco el aislamiento. Esa soledad, esa reclusión que provoca la descomposición como el agua que se estanca. Para revitalizar el agua y la vida en la cárcel hay que darle nuevo aire, oxigenarla con la presencia de personas diferentes. Por eso se invitaba también a público externo al CERESO.

Tuve la suerte de asistir a una representación de *Reflejo de lo Oscuro* y a otra de *El tren de la esperanza*. En esta última fue impresionante la representación, a la que asistimos alrededor de setecientos invitados. Yo no tengo otro referente, pero creo que puede ser de las concentraciones más grandes de visitantes a un evento en una cárcel, sobre todo porque ninguno de los asistentes teníamos un familiar interno y, yo me atrevería a decir, ningún amigo al que hubiéramos conocido antes de que fuera inquilino de la prisión. Con este intercambio se oxigenaban las vidas de los internos y de los externos. Se operaba una transformación única donde los habitantes obligados de estos espacios se convertían en anfitriones de quienes, aunque suene raro, íbamos de invitados a la cárcel. Raro, ¿no? Éramos huéspedes de quienes habían sido llevados a la fuerza a ese lugar. Me conmovió mucho escuchar a uno de los internos, quien, al despedirse de una de las amigas que estaban dentro del público, le dijo: «Gracias por su presencia. Pensé que ya nunca en mi vida iba a volver a ser abrazado por una persona decente».

Estas obras de teatro no sólo mantenían ocupados a los participantes, no era sólo una terapia ocupacional para matar el tiempo; es más, no era simplemente una actividad de producción artística donde se escribían los guiones, se adaptaban novelas, se componían letras de canciones, se interpretaba la música en vivo, se hacía el vestuario y la escenografía y se montaba el auditorio, era –eminentemente– una representación, en muchos casos literal, de experiencias de vida.

Para ejemplificar esto, te cuento la puesta en escena de *El Reflejo de lo Oscuro*, una adaptación de la novela escrita por Javier Sicilia que narra la historia de Jacques Fesch, un joven francés muy adinerado quien roba al banquero de su padre y que en la huida mata a un policía y acaba condenado a la guillotina. Durante la convivencia posterior a la escenificación, una de las amigas invitadas le preguntó a Paulo, quien en la obra representaba a Jacques Fesch: «¿Cómo hicieron el *casting*? ¿Por qué te escogieron para el papel principal?». Paulo, con la sencillez y sinceridad que le caracterizan respondió: «Pues yo creo que por mi caso. Porque lo mío también fue un policía».

Era una experiencia poderosísima. A través del teatro los internos podían recordar, recrear y redimir las decisiones y situaciones que habían vivido y que eran el camino a la sentencia de reclusión. Había una escena en la que, en la parte inferior del escenario, dialogaban sobre lo ocurrido Jacques Fesch y su pareja. Por supuesto, ya tras las rejas. En la parte superior del escenario se presentaba el momento en que un oficial llegaba a casa de la familia del policía asesinado por Fesch a notificarles, a su hija y a su padre, la muerte del policía. Imagínate lo que significaba para Paulo la posibilidad de ver, aunque sea en una representación teatral, la imagen de lo que él había provocado en una familia. Mirar a Jacques Fesch y las consecuencias de sus acciones era mirarse a sí mismo y el daño a terceros del que tenía que responsabilizarse.

Cabe notar aquí que la sentencia de Paulo era bastante larga y, durante ésta, en la reclusión, se había casado con Ana. Ella es una mujer libre y de este matrimonio nació Ana Paula. En una de las visitas que hice, Paulo me confiaba lo confrontante que le resultaba ser papá. La cantidad de interrogantes que le asaltaban sobre lo que podía ofrecerle a Ana Paula. Aunque, al mismo tiempo, representaba para él su renacimiento como ser humano y la inspiración para reconstruirse y buscar un futuro distinto. Y, de estos procesos, surgía naturalmente una pregunta: ¿qué pasa con un hombre o una mujer que después de un proceso de readaptación sale de la cárcel? Suponiendo que aun cuando en verdad haya logrado una transformación interior, saldrá a la calle con una carta de antecedentes penales. Es decir, con un equivalente moderno del pasaporte amarillo que tenía que portar en todo momento Jean Valjean. Lo que conlleva que se adquiere para siempre una sentencia de desempleo y marginación y, por tanto, una invitación a la reincidencia.

Juan José, un grupo de colaboradores, amigos y algunos exinternos nos reunimos para ver qué se podía hacer para desarticular este fatalismo. Se analizaron varias propuestas: crear una fábrica, buscar una maquiladora, una bolsa de trabajo, etc. Y, de estas reuniones, nació un proyecto: Calle Libertad.

Calle Libertad es una apuesta pedagógica en la cual los «exalumnos» del CERESO de San José el Alto presentan en una experiencia teatral cómo el seductor y tramposo mundo de las drogas, la sexualidad irresponsable y la espiral de la soledad y las malas decisiones pueden llevar a un joven a la cárcel. El guión de esta obra fue desarrollado por el director del proyecto, Miguel Ángel Cervantes, y se presenta en escuelas, universidades y grupos de jóvenes. La representación teatral se complementa con una exposición testimonial de algunos de los participantes y un diálogo con el público. Deberías ver las expresiones de los chavos de las escuelas al final de la obra de teatro. El narcomenudista, apodado «el Acerejé», que al principio de la historia es muy divertido y seductor e introduce al protagonista a la droga, termina muerto por una sobredosis. La sorpresa crece cuando se incorpora, toma el micrófono y dice: «Yo no soy realmente el Acerejé. Me llamo Israel y estuve 19 años en la cárcel por errores y malas decisiones que tomé. Yo no vengo a echarles un discurso, solamente les quiero contar mi historia para que les sirva y no se dejen engañar, porque sí hay muchos Acerejés en la vida. Yo tardé mucho en darme cuenta de que sí había personas que me querían y, sin embargo, les di la espalda por falsas amistades. Personas que me decían lo que yo quería escuchar para usarme. Yo estuve en la cárcel por no saber pedir ayuda y por no decirles a mis papás que los quería mucho. Díganles a sus papás que los quieren».

Otro de los miembros del reparto, con gran sencillez narra: «A mí mi mamá, que trabajaba como prostituta, me regaló cuando era un bebé en un bar. Mi padre adoptivo murió de cirrosis y yo sobreviví en la calle con varias temporadas en la cárcel. Yo les agradezco y les quiero decir que hay esperanza. Miren, quién iba a decir que después de lo que me ha pasado, estoy en un escenario sintiendo que sirvo para algo y recibiendo hasta aplausos. Hay esperanza cuando servimos. Sirvan a otros».

Yo nunca había visto, escuchado, testimoniado, de manera tan contundente y humana, cómo se encarnaban y se llenaban de vida esas palabras de Víctor Hugo en el libro de *Los Miserables* cuando escribe:

… más si a pesar de sus esfuerzos cae,

la falta así cometida es venial.

Es una caída; pero caída sobre las rodillas,

que puede transformarse y acabar en oración.

Nuevas oraciones, nuevas maneras de escribir una historia que no borran ni niegan el pasado. Este grupo da testimonio de que es posible salir a la calle para pedir la oportunidad de una nueva narrativa. Ganar a través del trabajo la posibilidad de ser libres sin tener que ser permanentemente esclavos de los antecedentes penales. Salir a la calle, a la Calle Libertad.

Sólo como una anécdota de esas simpáticas, te platico que la primera presentación profesional de esta compañía se hizo en Cuernavaca, en la Fundación Don Bosco. Esta organización está ubicada entre dos calles que reflejan el proyecto. La del frente es la avenida Actores; pues sí, es teatro y son muy buenos actores. Seguro que ya sabes cómo se llama la otra, la de atrás. Sí, es la calle Libertad.

He encontrado grandes maestros luminosos en un lugar oscuro que es conocido como «escuela del crimen». Qué paradójico, ¿no? Suena raro. «Se solicitan maestros. Requisitos: contar con cartas de antecedentes penales. Haber sido transformado por la experiencia de la reclusión para impartir la materia de Libertad con especialidad en Responsabilidad.»

Claro, no pretendo decir que todo es color de rosa. La cárcel también es un lugar de reunión de las sombras y de lo más oscuro del alma humana. Esto me lo enseñó para protegerme una amiga en la cárcel de mujeres en el México, D.F. Sara me dijo: «No seas ingenuo, ustedes vienen con ánimo de compartir luz y la verdad es que eso sí lo encontrarán aquí. Pero también hay personas y asuntos muy negros. Ni se te ocurra dar tus datos personales, ni teléfono, ni correos». Cuando me despedí de ella me emocionó recibir su bendición: «Gracias por conocerte, Jorge, que Dios te bendiga.»

Alguna vez escuché al Padre Chichachoma, loco magnífico que vivió para dignificar la vida de los niños de la calle en la Ciudad de México. Él afirmaba que a un niño de la calle, a una interna de la cárcel, a un moribundo, a una prostituta, lo que había que hacer era pedirles su bendición porque «conocen en carne y hueso una parte de Cristo que yo todavía no».

Pues sí, recibí el abrazo y la bendición de Sara, la interna que más tiempo lleva en la cárcel. Su sentencia es muy larga y complicada. Me regaló un libro donde expone su versión de las circunstancias que la llevaron a la cárcel, el título es *Me llaman la Narcosatánica*. A ella, y a otras amigas de la cárcel de Sta. Martha, las conocí gracias a mi amiga Lupita, quien asiste cada quince días a la cárcel de mujeres de Sta. Martha y a la penitenciaria de hombres del mismo nombre a llevar un programa de desarrollo humano y a acompañar a «los muchachos y las muchachas a encontrar un sentido bajo este techo que la vida nos ha invitado a compartir».

Me ha tocado entrar con ella al penal y pasar la aduana con 180 tortas que lleva para cada uno de los asistentes a sus talleres. Te explico que en esas aduanas se revisa torta por torta, con lo cual podrás imaginarte que el acceso puede llevar, literalmente, horas.

Lupita es una mujer cuidadosa en su hablar, pero fuerte de convicciones y determinación. Me encanta su manera fina, cuidadosa y prudente de expresarse. Si no la conoces, tal vez parece cursi. Pero es encantadoramente convincente y me ha enseñado cosas importantes. Imagínate esta situación en la penitenciaria de Sta. Martha, un lugar donde el promedio de las sentencias es de 35 años y uno de cada tres internos está por homicidio. Mientras Lupita va y viene a la entrada a pasar sus tortas y unos altavoces para poner unos videos musicales, se desaparece el material con el que se iba a trabajar en el taller. Entonces, con su vestidito rosa, su peinado sencillo pero cuidado, bajita, frente a 200 internos de cara adusta, ruidosos (algunos chiflan), toma el micrófono y les dice: «Muchachos, fíjense que desapareció el material que hoy traje para trabajar con ustedes. Tal vez alguien lo tomó por descuido. Es importante porque además hoy en la tarde lo vamos a usar también con las muchachas del femenil. ¿Cómo ven que demos unos quince minutos, muchachos, a ver si aparece? No vamos a culpar a nadie, muchachos. Seguramente andará por ahí y en unos momentitos lo recuperamos para ponernos a trabajar y compartir. Voy a la entrada a recoger unas cositas que les traje y, cuando regrese, vemos qué pasó con nuestras cosas y nos ponemos a trabajar. Los dejo con un poco de música y los videos que tanto nos gustan, muchachos. Ahorita regreso».

A la vuelta de Lupita al auditorio, el material extraviado estaba en su lugar. Su congruencia de ser y expresarse simple, pero poderosa como Lupita, parece magia. Su voz es como un ablandador que resquebraja los barrotes de las sentencias y los juicios para tocar el corazón. Por supuesto, la consistencia de sus visitas cada quince días, sin fallar, es la materia prima de su credibilidad, cariño, respeto y autoridad frente a los internos. Y es que en la cárcel, como en la vida, la presencia habla, comunica y vale.

Lo que a veces nos pasa es que damos cosas, circunstancias y hasta personas por hecho. Qué bien cuando alguien nos lo recuerda. Un día, para entrar a la cárcel, me ayudaron cuatro internos que me cargaron en mi silla de ruedas para bajar unas escaleras y llegar al patio central. Cuando llegamos hasta abajo, el interno que me cargaba del lado izquierdo me dijo: «¡Qué bueno verte otra vez!, ya tiene rato que no venías. ¿Te acuerdas de mí?»: Le respondí: «Claro, te llamas Mauricio, ¿no?». Sus ojos se humedecieron y parecía que el orgullo se le asomaba en forma de sonrisa. Mauricio lleva 16 años en prisión y desde hace 6 ya nadie de su familia lo visita. Cómo se revalora desde la ausencia el valor de la presencia. Gracias a Mauricio, quien me enseñó que yo era importante para él no por tener, no por saber, ni siquiera por hacer. Yo era valorado por ser, por ser con él. Por estar presente. Ser y estar, podría ser el nombre de la cátedra de Mauricio para acompañar.

Otra lección me la dio Juan mientras me acompañaba a dar un recorrido y me explicaba las diferentes áreas y el funcionamiento del penal. «¿Sabes?, dicen que la cárcel es el infierno. Para mí ha sido una bendición.» Yo creí que le había escuchado mal y se me salió la expresión «¡Estás loco! ¿Cómo crees eso?». Se rió compasivo y me dijo: «No me conociste antes. No tienes idea de la cantidad de estupideces que yo estaba cometiendo allá afuera. La cárcel ha sido para mí una oportunidad de leer, pensar, reflexionar y darme cuenta de que la estaba fastidiando. Afuera de aquí era esclavo de mi estupidez, ahora soy un preso libre». Además, me platicó cómo inició un grupo de alcohólicos anónimos y de cómo el servicio libera. «Cuando uno sirve a otros ya no estás encerrado en su egoísmo. Uno está donde está su servicio.»

Hay conversaciones como éstas que calan; que resuenan como preguntas: ¿de qué soy prisionero? ¿Puedo ser más libre? ¿Sirvo para buscar el bien de otro o para alimentar al custodio de mi egoísmo?

Después de pensarle un poco, te confieso que le «robé» la idea a Juan. Se escucha un poco mal esto de robarle a un interno de la cárcel. Pero, como dicen, «la poesía no es de quien la escribe, sino de quien la necesita». En fin, el caso es que comprobé las ideas de Juan. Coincidió que una visita al CERESO Femenil era un día antes del evento Teletón. Entonces, en una sesión con más o menos 200 internas, vimos un reportaje de una niña que había tenido un accidente y se había rehabilitado en un CRIT (Centro de Rehabilitación Infantil Teletón). Después, cada una de ellas escribió una carta como la que sigue a la niña del reportaje o a los niños que se rehabilitaban en Teletón:

Pensar que yo he ido dañando mi vida con la drogadicción y la delincuencia. Gracias a los niños de Teletón porque me recuerdan que yo también puedo volver a nacer. Hoy lucho con su ejemplo contra la discapacidad del encierro para que la reclusión no enferme mi alma y me paralice. Con cada historia, con cada lucha de ustedes por sobrevivir día a día, noche a noche, me volteo a verme y me pregunto: ¿con qué derecho puedo exigirle a la vida? Gracias por llenarme de fortaleza y ayudarme a seguir viviendo en mi encierro, a seguir luchando y aprendiendo de ustedes.

Yo entiendo que esto no es «la solución» a la compleja problemática de la delincuencia y de la readaptación social, pero sí creo que la intuición de Juan me ha llevado a entender mejor la libertad. Te comparto tres sentidos que encuentro:

1. Victor Frankl afirmaba con base de su experiencia en los campos de concentración: «A un ser humano se le pueden quitar todas las libertades, excepto la última y decisiva, la libertad de tomar una actitud frente a nuestras circunstancias». El origen y sentido de la libertad reside en el interior y, de no ser así, aun estando fuera de la prisión, podemos ser presos en una libertad ficticia, atrapados por los barrotes enajenantes de fenómenos como el consumismo o las adicciones.

2. La conciencia de la libertad no surge en la soledad absoluta, ni es sinónimo de hacer todo lo que queramos. Si esto fuera el ideal, la imagen perfecta sería la del zapping existencial. Es decir, vivir intentando «cambiar de canal» continuamente a nuestra vida creando un *collage* sin sentido. Hago de todo para ejercer una libertad mal entendida y, sin darme cuenta, buscando esta libertad me convierto en esclavo. Elegir es renunciar, renunciar duele, por tanto, si el objetivo vital es el placer, evito renunciar. Soy esclavo del destino.

El costo de esta vida es la pérdida del color y de la profundidad. Debido a que todo da igual, empezamos a percibir en tonos grises como cuando revolvemos todos los colores. Además, empiezo a perder la capacidad de ver en tercera dimensión, ya no sé lo que está más cerca y lo lejano; solamente veo en lo inmediato de dos planos. Creo que, en este sentido, el hombre superficial no tiene mala vista; más que esto, se deteriora de manera estructural su aparato visual existencial. Se convierte en un cíclope con un solo ojo: el sí mismo. El hombre mira con dos ojos: tú y yo. Sólo en esa tercera dimensión del nosotros se descubre la perspectiva y la profundidad.

Por tanto, la libertad, más bien, nace paradójicamente cuando reconocemos al otro. Yo soy parido cuando puedo decir Tú. La primera persona del plural (nosotros) es la partera de mi identidad.

En el servicio que propone Juan, hay por supuesto un otro al que le servimos y éste es un antídoto para no recluirnos en nuestro egoísmo. De manera contraria a la lógica común, entre más me vacío en servicio a otro y me olvido un poco de mí, más se llena de sentido mi vida y recuerdo quién soy. Frankl pregunta: «¿No ocurre lo mismo con el ojo, cuya capacidad y funcionalidad depende de que no se ve a sí mismo? ¿Cuándo ve el ojo algo de sí? Sólo cuando está enfermo». Gracias a que te puedo ver puedo verme en tu reflejo; gracias a que te puedo servir, puedo ser libre.

Es doloroso testimoniar el reto y las complicaciones que surgen cuando esto no ocurre. Cuando no tenemos conciencia del otro y, por tanto, tampoco de nosotros, ni de nuestras responsabilidades.

Como ejemplo de esto, te narro que, esperando para salir de la cárcel, junto a una puerta, la última a la que pueden llegar los internos, me abordó uno de ellos. No recuerdo su nombre, pero le dicen Gato. Tiene unos ojos verdes muy especiales. Me pidió que lo ayudara a ser candidato para una transferencia a las islas Marías. Me contó que había ingresado al penal a los diecinueve años por homicidio. «Ya casi cumplía mi sentencia cuando me cambiaron a otro CERESO. Entonces, ya ves que luego uno agarra broncas, se me puso pesado uno y lo piqué. Y que se muere. Por su culpa me echaron otra sentencia. Tengo cuarenta y tres años y todavía me falta un resto para salir.»

3. Uno de los dramas de la reclusión es no poder estar con las personas a las que uno ama y tener que aprender a amar, o por lo menos tolerar, a aquellos con quienes estamos. Al estar recluidos, en mi caso aunque sea durante un rato en la visita, si uno está dispuesto, se establecen vínculos, se crean amistades, se construyen puentes de relación con personas que en condiciones normales (de libertad) tal vez no estableceríamos. Cuando he tenido la suerte de mirar a los ojos a un interno o interna mientras sostenemos una conversación, me ha confrontado fuertemente la pregunta: ¿podríamos habernos conocido y mirado así fuera de la cárcel? ¿Cómo estoy mirando y reconociendo la humanidad de las personas en mi vida cotidiana? ¿A quiénes no estoy mirando? ¿Miro a la persona u observo fenómenos sociales, cosas o abstracciones como

la pobreza? Cuando salgo de la cárcel me doy cuenta de cómo soy un prisionero ignorante y ciego de muchos muros invisibles. Entre otros, de esas barreras «invisibles pero muy reales» de los estratos sociales, esas inequidades y diferencias de oportunidades abismales y violentas, que en «libertad» no nos dejan mirarnos y encontrarnos. Por eso, cuando esto no sucede, cuando no podemos encontrarnos con personas, cada vez más nos encontramos de manera rencorosa cada uno en un extremo diferente de una pistola. Esta reflexión se torna más intensa, profunda y desestabilizadora cuando tienes la fortuna de escuchar la vida, la infancia, el contexto y el entorno emocional, axiológico, económico, familiar, etc. de algunos de ellos. Si yo hubiera nacido y crecido en una circunstancia como la suya, seguramente hubiera actuado de manera muy similar, o peor. Con esto no quiero restar responsabilidad por las decisiones o errores que cometieron. Esto de «desresponsabilizar» es deshumanizar a una persona. Sin embargo, sí me he imaginado y tratado de estar profundamente y comprometidamente con ellos. Escuchar el relato del «Monstruo», un «pelao» grandote del norte de la República Mexicana, que decidió salir de su casa, porque las cosas eran horribles ahí, para irse a vivir a la calle a los once años, o de Alejandro, que no quería seguir en el negocio familiar y «mira, me acabaron agarrando con un coche lleno de droga por hacerle el favor a mi tío llevando un encargo», es escuchar a niños que la pasaron muy mal. Adentro de ese tozudo personaje que tengo delante hay un corazón infantil roto, lastimado, ignorante del cariño que merece y que lanza la pregunta: ¿qué estamos o, más bien, no estamos haciendo como sociedad para el cuidado de nuestros niños? ¿Cómo trato y cuido a los niños en mi entorno? ¿Cómo cuido, escucho y atiendo a mi propio niño interno en sus carencias y miedos? ¿No podríamos plantearnos el ideal de diseñar nuestra sociedad teniendo como eje de nuestras decisiones y acciones a nuestros niños?

Hay otros, como Santiago, acusado de fraude, que «quería llevar un tren de vida que no me correspondía. Y, cuando me di cuenta, ya no encontré manera de resolverlo». ¿No será un efecto secundario (o primario) que los mensajes de nuestra mercadotecnia generan? ¿No nos planteamos ideales sociales e individuales de acumulación y consumismo desmedido? Joaquín Sabina dice «con qué ley condenarte, si somos juez y parte todos de tus andanzas». Yo creo que ir a la cárcel y verme reflejado en la mirada de los internos me ha ayudado a tomar conciencia de algunas de mis celdas y me ha impulsado a construir puentes entre grupos y personas para ser un poco más libres.

La revolución de la paciencia

En los polos el espacio se descompone y se transforma, todo es blanco y el horizonte del hielo y del mar se confunde con el cielo. También el tiempo y los ritmos se modifican. Hay meses enteros de noches interminables y días eternos con puestas de sol que parecen durar para siempre. Así parece que pasa en la reclusión y también en otros de esos polos de la existencia humana.

Hay expediciones donde el tiempo transcurre a ritmos muy distintos. Me vienen a la mente algunas de estas experiencias.

La primera, simplemente, es vivir en México, donde la temporalidad es huidiza como un ratón en la alacena. Un horario para una cita es, en el mejor de los casos, una estimación. Incluso ser puntual puede ser mal visto. Si llegas a tiempo a una cena en casa de unos amigos, corres el riesgo de llegar antes que ellos, que fueron a comprar los ingredientes para la reunión. Creo que de los pocos asuntos puntuales son las corridas de toros, que rigurosamente empiezan el domingo a las cuatro de la tarde. He de confesar que no conozco las costumbres de otros países, pero siempre me ha parecido muy representativo que en las invitaciones a una boda el horario sea treinta minutos antes de la hora de la ceremonia. Es decir, dentro de la organización, ya se tiene contemplado y asumido el retraso. Otra joya nacional es el camaleónico significado del concepto «ahorita». Esto que suena a un ahora chiquito, es decir, inmediato, puede extenderse hasta la fosilización. Por eso, cuando alguien expresa por ejemplo «ahorita llega», no está dando un dato pragmático secular. Más bien se está apelando a una dimensión teológica, nos invita a un acto de fe. Entre otras razones, por eso México, que es un país profundamente religioso, vive en el profético «ahorita», esperando la tierra prometida que «ya llegará».

Por otro lado, uno de tantos regalos que ofrece la visita al mundo o, mejor dicho, a los mundos de quienes viven con una discapacidad, es justamente esa manera de entender, vivir y aprovechar el tiempo. Te pongo un ejemplo: un auditorio de la Universidad Iberoamericana de la Ciudad de México preparado para un examen profesional de la carrera de Sociología. Varios invitados, entre los cuales me encuentro yo. Al frente, los tres sinodales que examinarán al aspirante a licenciado, a mi amigo Ricardo Schega.

El acontecimiento inicia cuando un joven toma el micrófono y dice: «Buenas noches, gracias por su presencia. Hoy me voy a permitir usar la voz de mi hermano para presentar mi tesis profesional».

Ricardo tiene parálisis cerebral. No puede hablar y su cuerpo se mueve de manera constante e incontrolada. Tiene control del movimiento de la cabeza y con ella escribe. En el respaldo de su silla de ruedas pone «el ratón» de la computadora y tiene un programa especial para la escritura. En la pantalla aparece el teclado con las letras. Se ilumina cada una de las mitades del teclado y, cuando das un clic, se congela esa mitad y se divide en dos a su vez. Así se va seleccionando hasta que se elige finalmente entre dos letras. Ya te imaginarás que se trata de un proceso lento que requiere de mucha memoria (no de la computadora sino de la de Ricardo) para no olvidar lo que quería decir y además de gran síntesis para no desperdiciar palabras que tanto trabajo cuesta escribir. Así se expresa Ricardo, con frases cortas pero contundentes.

Pues así escribió su investigación, la tesis «El noviazgo en la discapacidad», que fue leída por su hermano en el examen profesional. Como en toda evaluación para titulación, los maestros sinodales plantean preguntas sobre el trabajo presentado. En el caso de Ricardo se había acordado que se le mandarían previamente seis preguntas para que escribiera las respuestas y se leyeran por su hermano. Pero ya ves cómo es el Schega: llevó tres de los temas desarrollados y los otros tres los decidió responder ahí.

El mecanismo de comunicación cotidiano de Ricardo consiste en que él hace un gesto y éste representa una letra. Su mamá traduce cada gesto y así se van integrando las palabras, las frases, las oraciones. Gesto a gesto, letra a letra, así respondió Ricardo las tres últimas preguntas de su examen profesional. Un examen anormalmente largo, anormalmente humano, anormalmente hermoso, que nos mantuvo a cada uno de los asistentes con una enorme atención, como en una película de suspenso, esperando la siguiente letra, la próxima idea. Este sociólogo revolucionario me enseñó a esperar, a escuchar, a estar plenamente presente y pendiente para recibir con respeto y paciencia el resultado del esfuerzo.

Esto de la paciencia es una actitud de excepción en un entorno que, como dice mi amigo Alejandro Barriguete, «va tan rápido, que hasta los pantalones de mezclilla ya se venden usados». En el mismo sentido, mi hermano Garza dice que vivimos en un mundo que usa reloj y ha perdido la brújula. Vamos cada vez más rápido, pero no sabemos muy bien a dónde vamos. Es fácil perderse en el vértigo, embriagarse de satisfactores inmediatos y confundir rapidez con éxito. Por un lado, la velocidad de consumo nos transforma en agujeros negros que se consumen a sí mismos y, por otro, la obsesión por llegar a metas tan ajenas nos lleva a alcanzarlas con el costo de perdernos en el camino.

Otro equipo bastante subversivo frente a esto del flujo vertiginoso de la existencia son mis amigos de AA (Alcohólicos Anónimos). Ellos proponen una estrategia de paradas de *pits* en las cuales se baja la presión de la soberbia, se reconoce que uno ha perdido el camino, se llena el tanque de la fe, se hace un recuento de las personas que hemos atropellado con nuestro egoísmo, nos hacemos responsables de nuestra conducción y del apoyo a otros conductores que encontremos en el camino. Lo maravilloso de este grupo es que no se trata de «expertos» que hayan estudiado el fenómeno desde una posición meramente académica y dicten cátedra desde una posición de superioridad. Se trata más bien de otros colegas que han tenido sus choques en el tránsito de la vida y que, al darle hojalatería, alineación y balanceo a su propia situación, se convierten en testimonios que estimulan y copilotos que acompañan en la reparación.

Una de las técnicas que propone AA, para no volver al ritmo incontrolado que provoca despistes y daños a terceros, es no regresar a la ruta en transmisión automática y dejarse simplemente llevar otra vez. Más bien ellos recomiendan el manejo de la vida con doce velocidades para ir avanzando gradualmente, paso a paso. Doce pasos para que lo sustantivo le vaya ganando la jugada a lo adjetivo, porque hay momentos en que esto último puede ser muy dañino. Creo que debería etiquetarse, como en el alcohol o el tabaco, a los adjetivos con: «el abuso en su consumo puede ser dañino para la salud».

Así lo aprendí en una reunión de AA cuando pasó al frente un chavo. Tomó la palabra y dijo: «Buenas noches, soy Alfredo». Es hermoso escuchar a coro a todos responder: «Hola, Alfredo». Sobre todo porque después dijo: «Soy alcohólico y drogadicto porque siempre preferí que se dijera: ahí viene Alfredo, el reventado, a que no se dijera nada de mí». Qué bien ver renacer a alguien que sólo se veía a sí mismo como algo. Estas juntas, grupos de autoayuda, grupos de crecimiento, o como se les llame, son como un ambiente de incubadora. Las cáscaras de las etiquetas, de los juicios, de los adjetivos, de los condicionamientos se van rompiendo para dejar su espacio al valor de ser. Simplemente ser, ser persona, ser yo.

Otro de los testimonios que me resultó muy significativo fue el de Roberto, quien, además de comentar que él se había tomado cosechas enteras de uvas en sus derivados etílicos, había perdido el tiempo y la noción de éste. «El problema conmigo, como alcohólico, es que vivía con un pie en el pasado, hablando siempre con nostalgia y falsamente de lo que había hecho o sido antes; con un pie en el futuro, prometiendo que iba a dejar la botella y fantaseando con planes maravillosos pero irrealizables y meándome en el presente, con la cruda de la culpa.» Después, proyectando mucha tranquilidad, continuó afirmando: «Gracias a Dios, ese poder superior, y a ustedes, a mi grupo, hoy me he podido mantener sobrio». Así, con esa filosofía sabia de «sólo por hoy», Roberto llevaba veinte años de sobriedad. Siete mil trescientos días de vivir con intensidad el aquí y el ahora.

Cómo me sirvió en mi rehabilitación esta invitación de mi amigo Poncho, mirando mis retos, problemas y preocupaciones «sólo por hoy», con procesos tan lentos y con avances tan pequeños como los que se dan en las terapias, es una mejor apuesta financiera; se trata de invertir mis energías hoy con lo que pueda. La otra alternativa de traer a valor presente las angustias, problemas o dificultades del futuro o las culpas del pasado me produce una gran ansiedad y me paraliza el ánimo.

He notado que estos extravíos, cuando no le he hecho caso al sociólogo Schega o al equipo de AA, y me acelero demasiado, me asaltan de manera particular el domingo. Ese día que, como su nombre indica, debería ser el día de sol, de luminosidad y descanso. En la mirada de algunos de los que encuentro ese día y, por qué no aceptarlo, en ocasiones en la mía, descubro más bien algunos adultos sombríos. Aparece el Sísifo moderno. Personaje mítico que desde la cúspide de la neurosis dominguera contempla hacia atrás el ascenso realizado en la serie de siete días que termina. Y hacia adelante, el despeñadero del lunes y la carrera de los días que siguen.

Para reflexionar y corregir esta sensación, ayuda ir a los toros el domingo. Seguramente cada quién va por sus razones. Como se observa en el tendido de la plaza, cada quién tiene sus motivos: unos van para la foto de sociedad, otros al ambiente y a los gritos, otros aficionados por el arte y otros para desahogar sus frustraciones frente a la autoridad.

Yo simplemente voy con mis amigos a un festejo, a sentir compañía y a crear con ellos una cofradía rebelde frente a la modernidad, a la prisa y también frente a la inaccesibilidad. Mi cuadrilla carga un peso, con actitud ligera, con alegría y sobre todo con un sentido. Le dice a Sísifo y a los demás que subir o bajar, no es lo que importa. La locura, la amistad, la utopía por crear comunidad me abren paso, me envuelven como capote de paseo y frente a la autoridad, junto al burladero, se descubren y dicen: no pesa, es mi hermano.

En la fiesta brava hay tres momentos:

1. Primer tercio: la puntualidad y el temple

En un mundo apurado, el toreo desafía al tiempo y el mejor pase es el más templado. Las verónicas enjugan los rostros de los que embisten el capote de la prisa. La corrida de toros se inicia con la puntualidad digna del más moderno reloj digital. Al marcar las cuatro en punto, surge el «Olé» que marca el inicio de la fiesta.

Sale el primer toro y es regresado al corral por manso. El ideal de la sociedad protectora de animales se realiza enfrentándonos a una tragedia. El toro salva su vida a costa de perder su posibilidad de lucimiento; la vida se prolonga, el reloj seguirá marcando su paso circular a costa de la vergüenza. El paradigma hedonista de la felicidad encontraría aquí una oportunidad de festejo y una representación de la propuesta social del placer y el confort. El toro de lidia puede, gracias a su fracaso como tal, retirarse con la enorme ilusión de ser algún día una Big Mac. Este evento nos recuerda la inconsistencia de la lógica hedonista que plantea la felicidad como objetivo de la vida y al hacerlo justifica el reducir al prójimo a un medio para obtener mi felicidad. Además de que, en una paradoja de la existencia, la felicidad se escapa cuando se persigue de manera directa. Frankl dice: «La autorrealización no puede alcanzarse cuando se considera un fin en sí misma, sino cuando se la toma como efecto secundario de la propia trascendencia». Nuestra sociedad confunde placer con satisfacción, confunde los medios con los fines. Confunde la denigrante situación de regresar al corral a un toro por manso con la posibilidad de ganar un indulto por sus méritos propios. El aburrimiento del fracaso *versus* la satisfacción por la misión cumplida o incluso la muerte digna.

Inicia la corrida como inicia la vida. Sale al ruedo primero la dimensión instintiva, sale el toro solo corriendo de manera indeterminada. Claro, equivalente al temperamento básico, tiene su querencia. Igual que en el desarrollo de un infante, sale poco a poco la dimensión racional, consciente, representada en la plaza por los capotes desde los burladeros hasta encontrarse con la autoconciencia del matador que interpela, pregunta buscando embestidas. Se entrelazan así las diversas dimensiones de la vida, la dimensión instintiva que da pasión e impulso y la dimensión racional y consciente que da arte, estética y sentido. «Los instintos nos empujan, los valores nos atraen» (Frankl). Los instintos del toro empujan, embisten y dan cuerpo a los valores de un capote que atrae e invita a la respuesta.

2. Segundo tercio: el «hubiera»; vivir a toro pasado

Las banderillas me recuerdan la dimensión festiva de la vida. Ponerle color a la vida y, de ser necesario, si el asunto se pone demasiado serio, usar el burladero. Dice mi amigo Eduardo Garza que en caso de emergencia axiológica, recurra a la solemnidad y la seriedad del humor. Si se siente acosado, no lo dude, ponga banderillas emocionales a la razón para llevarla más allá de lo que se considera razonable. Como unas banderillas de poder a poder, «no hay humor sin la contraposición de dos opuestos». Toro y torero, conservadurismo de los valores y rebelión, reglas y excepción, norma y práctica.

Por otra parte, el tercio de banderillas me parece un homenaje al momento fugaz del presente, al instante de la reunión entre circunstancia y vocación. Un par a toro pasado es una metáfora del hubiera, del tiempo inexistente del pasado que no fue ni del futuro que será.

3. Tercer tercio: la utopía y el reloj de arena y sangre

El tercer tercio es un símbolo de lo que es el amor humanizante. La faena de la muleta no es otra cosa que ayudar al toro a ser lo que puede llegar a ser. La conciencia poderosa es la capacidad de ir descubriendo espacios, relaciones y posibilidades en la embestida de lo animal.

La muleta, para el toro es un engaño, para el matador un instrumento… para el encuentro; es el pincel. Así se va dibujando la faena, no cualquier faena, esta faena, que será buena o mala, pero única. Así es la vida. El toro en una plaza no es cualquier toro. Es presentado incluso con una característica única: un nombre. Antes de salir de toriles se presentan los datos de nacimiento, su nombre y se intuye que sabemos el día de su muerte, hoy. Se puede decir como el zorro del Principito que sólo te pertenece lo que has domesticado, es decir, aquello con lo que has creado un lazo, un encuentro. Una buena faena transforma lo meramente instintivo en una obra de arte, lo oscuro de una embestida se convierte al paso de un traje de luces en un reflejo y el torero, como un alquimista, en el encuentro de la lidia transforma la mera biología del toro en una biografía.

La dimensión psíquica es perfectamente vivida en una plaza de toros. El superyó de la afición pidiendo y exigiendo espectáculo, estética y compromiso con las figuras de autoridad. La búsqueda del aplauso y el temor a la rechifla y a los cojinazos empujan a arrimarse. El ello oscuro, aparentemente incontrolado dispuesto a cornearnos si nos perdemos en la pasión y el yo del torero que debe resolver esta dinámica tensión entre un impulso instintivo y una demanda social. La fiesta de los toros es la danza de ser y el deber ser, el baile de lo que quiero y lo que se puede, la interpretación de lo decidido y lo aleatorio, de lo que hace vivir y lo que mata.

Por último, la muerte se hace presente para recordarnos que sólo frente a ella toma sentido la vida. Sólo frente a la finitud tiene sentido decidir y hacerse ser humano. Sólo cuando la vida tiene un límite y se transforma en el momento de la verdad, tiene sentido el aquí y el ahora. La muerte digna de un toro que muere embistiendo con bravura nos pone ante la realidad de que la vida no únicamente debe alargarse, se debe ensanchar trascendiendo.

El tiempo en el tercer tercio se vuelve a configurar y me hace sentir la vida como un reloj de arena. Arriba, como posibilidades se agolpan los granos que quieren pasar por el delgado espacio del presente. Al hombre le toca elegir cuáles granos pasan por ese embudo de su existencia y quedan inmortalizados en ese almacén del pasado. La arena de lo que puede ser cobra vida y se convierte en la sangre de nuestra historia. Lo importante es que a este reloj no se le puede dar la vuelta para una segunda oportunidad.

Es esa vivencia de no tener otro remedio más que decidir en cada momento qué vamos a hacer, por tanto qué vamos a ser. Vivir en ese terreno comprometido donde en cada instante corremos el riesgo de dejar de ser plenamente humanos. Cada lance, cada pase que escogemos frente a la embestida de la circunstancia, es la construcción de nuestra vida. Es también la negativa a lo que pudo ser. El toro que sale, nos guste o no, es el que nos tocó. Ortega y Gasset por eso afirma que la vida del hombre es la fatalidad de la libertad y la libertad frente a la fatalidad. Ante la fatalidad del sorteo de las circunstancias, gozamos de la libertad para tomar decisiones. Incluso frente a las peores cornadas de la existencia, a esas donde no queda nada por hacer, Frankl afirma que poseemos la libertad de tomar una actitud frente a ellas. Esa utopía de ser persona es la que nos permite decir como Serrat que «la vida no sea solamente un ensayo para la muerte».

La muerte maestra de vida

Eso de la muerte es cosa seria. Por eso, tengo un amigo tanatólogo que se llama Carlo Clérico. Es como uno de esos hermanos jodones que te ayudan a no tomarte tan en serio ni siquiera en eso de «colgar los tenis», «estirar la pata», «enfriarte», morirte pues. La vida es un descubrimiento y la muerte, como parte natural de la vida, también puede ser una experiencia de crecimiento.

Según él, yo estoy entre las tres personas más cursis que conoce. Cabe notar que las otras dos son mujeres. Yo creo que esto ocurre por dos razones:

a) Conoce a pocas personas o solamente conoce a pelados o brutos.
b) Como es tanatólogo, todos sus asuntos son de vida o muerte y, por tanto, el resto son cursilerías.

En fin, como quiera que sea, hay que comprenderlo, o por lo menos reír con él y quererlo. Recuerdas que yo te decía que no sabía qué voy a ser de grande, pensé que yo sufría de desorientación vocacional, hasta que conocí a Carlo. Este sujeto es ingeniero, después se humanizó con una maestría en

Desarrollo Humano, ha sido vendedor de pinturas, creo que también de automóviles, peregrino del camino a Santiago, trabajó en Petróleos Mexicanos, en la Oficina de la Presidencia de la República Mexicana y en el Equipo de Fútbol América. En este último, creo que desarrolló sus habilidades tanatológicas. Yo, más bien, creo que es como un sherpa de esos que te acompañan en el ascenso a montañas rudas y escarpadas. Bueno, en realidad yo no conozco a ningún sherpa. Lo que como referente tengo más cercano a ello, es un maletero. De esos que se te aparecen en el aeropuerto y te dicen «le llevo sus maletas, joven». Mi hermano, Eduardo Garza, dice que hay una distinción muy importante entre encontrarte a alguien y que se te aparezca. Por ejemplo, a un fantasma no te lo encuentras, siempre se te aparece, te sorprende. Pues así, se te aparece el Clérico y se ofrece a llevarte tus maletas.

Éste, sin embargo, es un maletero singular porque te ayuda a llevar el equipaje con el claro objetivo de colaborar en que lo vayas abandonando. Hace que las diversas cosas que te acontezcan sean como estaciones de un viaje y te sirvan como una aduana donde revises qué andas cargando. El objetivo es eliminar el exceso de equipaje para poder disfrutar más el paseo y estar bien preparado para la estación final, la última terminal. Dicho en términos técnico-tanatológicos del maestro Carlo: «Hasta para morir hay que agarrar vuelito». Ese «vuelito» consiste en construir un presente contundente, con sentido. Llevar una vida plena, útil y que permita tener una buena muerte por haber llevado una buena vida.

La mayoría de las personas que ha acompañado no pasan de once años. Niños sabios, santos de quienes se ha dejado tocar para visitar rincones, recovecos de su propio corazón. Por eso es tan útil Carlo: ha aprendido a conocer su alma y por eso te ayuda con tanta gracia a viajar en tu propio interior.

Es muy interesante la genialidad de este «perro panteonero» para quien la vida no es una cuestión de tiempo sino de intensidad. Fíjate, hay amigos suyos, chavos que tienen o tuvieron distrofia muscular de Duchenne. A algunos de ellos, de manera juguetona pero provocadora, les pregunta: «¿Qué van a ser de grandes?». Por supuesto, la respuesta directa de muchos de ellos es: «¿Qué, no ves? Yo no voy a llegar a grande». Y Carlo les aclara: «¿Qué, hoy no eres más grande que ayer y mañana no serás más grande que hoy? Además, quién dijo que eso de ser grande es un asunto de edad. Ser grande es ser ancho, ser útil, ser grande de grandeza, no por envejecimiento».

Como ocurre con los niños, siempre aparece un alumno abusadillo que supera al maestro. Así, Alexis, un chamaco de unos catorce años, después de unos días, le confiesa: «¿Sabes?, me quedé pensando en lo que dijiste. Ya me lo pensé y quiero ser tanatólogo». Después de unas lágrimas (varias y espesas) y nudo en la garganta, Clérico, experto en locuras de esas de Silvio Rodríguez («Locuras para la esperanza, de allá donde el cuerdo no alcanza locuras de otro color»), se dio cuenta de que era una buena idea. Alexis recibió una formación –digamos académica, porque la existencial ya más que la tenía– como tanatólogo. Hasta fue graduado en un aula magna de la Universidad Iberoamericana con toga, birrete y diploma.

En una de sus primeras intervenciones, conoció a Julián. Otro de esos niños sabios y preguntones, quien además tenía cáncer. Así las cosas, cuando se conocieron, Julián le lanzó a Alexis la siguiente pregunta: «¿Qué tengo que saber antes de morir?», (¡Ah!, vaya preguntita, ¿no?) Después de pensarlo un poco y de mirar a Carlo, como diciendo «¿le contesto?», Alexis respondió así: «Tú sólo tienes que recordar tres cosas poco, mucho y nada.

1. Quiere mucho a las personas que se acerquen a tu cama.
2. Hazle poco caso a tus papás porque están igual de asustados y confundidos que tú.
3. Recuerda que de este mundo no te vas a llevar nada, así que deja todo tu amor y cariño a quienes te rodean. Hay que soltar todo».

Cuando escucho a Carlo y la sabiduría de sus amigos, haciendo honor a mi título de cursi, me dan ganas de ser mejor persona y abrazar a quienes quiero. Vivir y poder decir «te quiero». Jaime Sabines lo dice mucho mejor:

Alguien me habló todos los días de mi vida al oído, despacio, lentamente.

Me dijo: ¡vive, vive, vive!

Era la muerte.

Yo quiero vivir lo mejor que pueda; eso de morirse, para decirlo claramente, no se me antoja por ahora. Pero, cuando esto ocurra, creo que sí me gustaría que fuera como el Clérico lo recomienda en su libro *Morir en sábado*. Para él morir en sábado es una metáfora de morir consciente, acompañado, querido, ligero de equipaje, perdonando y perdonándonos, mirando nuestra vida con respeto. En mi caso yo pediría que no fuera muy temprano, para que sea después de esquiar.

6. RESPIRAR:
Inspirar para impulsar

De acuerdo a Ortega y Gasset, no hay mejor lugar para hacer filosofía que estando frente a la jaula de los monos en el zoológico. Frente a ella nos damos cuenta de que la posibilidad de meditar es el atributo esencial del hombre. Si viéramos a los pájaros o los cangrejos, éstos son tan diferentes a nosotros que no descubriríamos más que diferencias. Sin embargo, nuestros primos, los primates, nos confrontan más que cualquier otra especie por la similitud que tienen con nosotros. Es muy divertido, cuando tengas la oportunidad, haz esta observación filosófico-antropológica. Después de mirar un rato a los changuitos, voltea a ver a quienes están junto a ti. ¡Ajá, sorpresa: encuentro cercano de personajes con conductas muy similares! Entre los observantes y los observados parecen desdibujarse las rejas del zoológico y las reglas de la evolución.

El asunto es que Ortega dice que, si nos fijamos con atención, notaremos que los animales (los de adentro de la jaula) están en continua actividad. Van de aquí para allá, siempre alertas, pendientes del entorno para huir de un peligro o morder algo que les dispare el instinto. Viven víctimas de sus circunstancias, son marionetas de su entorno. No viven desde sí mismos, sino desde lo otro, del alter, viven en continua alteración. ¿Te suena familiar en tu estilo de vida o de aquellos que te rodean? Si estás leyendo esto en una zona urbana pública, para un instante de leer y levanta la mirada. Por supuesto, si estás en un restaurante con pantallas de televisión (moda muy postmoderna), el número de alterados, enajenados (hipnotizados por lo ajeno) se incrementa de manera exponencial. Por contraste, el ser humano tiene la capacidad de desatender un poco su atención a las cosas de su entorno y meterse dentro de sí mismo. Ensimismarse, entrar en su intimidad y ocuparse de sí mismo y no de lo otro, ni de las cosas.

Es desde ese interior, desde ese viaje, de donde puede emerger como un protagonista de su existencia y no únicamente como un organismo preprogramado con un repertorio limitado y previsible de efectos que responden a las cosas del rededor. El ser humano se convierte así, con el esfuerzo de la reflexión, no únicamente en un turista de su paisaje interior, sino en un cartógrafo que regresa de una travesía con un mapa que pretende usar como guía para troquelar el mundo exterior y acercarlo a las ideas, a las imágenes que en las ínsulas de sus entrañas descubrió. Nos hundimos en nuestra humanidad para poder salpicar nuestras circunstancias y humanizarlas.

A mí me gusta más como lo decía mi abuelo doctor, neumólogo, por supuesto: «La vida es como la respiración.

Quien sólo exhala y vive enajenado se ahoga. Pero también quien solamente inhala, perdido en él mismo y en su egoísmo, también se ahoga. La vida es un equilibrio entre momentos de inspiración y de exhalación».

Es necesario llenar la vida, inflar los pulmones con el cariño, los regalos de los demás y llevar oxígeno que revitalice y purifique nuestro mundo interior. Esto se puede entender mejor con un sinónimo más preciso: el de «inspiración». Por medio de un movimiento voluntario, y también en ocasiones no muy consciente, llevamos a nuestra propia experiencia y nos nutrimos de las conductas o decisiones de otros. Nos inspira su testimonio. Por tanto una buena inhaloterapia es aquella que enriquece el ambiente que respiramos. Es útil rodearse de amigos para respirar alegría y estar cerca de personas que nos contagien. Aquellos que tosan buena onda y que suden entusiasmo. A nosotros, en esta fase, nos corresponde inhalar, inspirar y buscar conscientemente el contagio.

Este proceso de inhalación también incluye un servicio de limpieza por «sopleteado». Si no lo conoces, te explico. Es aquel en el cual una manguera conectada a una compresora de aire limpia a algún objeto de polvo u otras partículas. Por ejemplo, es muy útil cuando limpias tu silla de ruedas de la arena de la playa. El caso es que la inhalación existencial permite desempolvar rincones y cajones del alma. Esos que tenemos olvidados y que, por tanto, se llenan de mugre y les crecen los hongos de la indiferencia y del rencor. La simple visita a estos espacios va limpiándolos y recordándonos que ahí están y que también son nuestros. Reflexionar, meditar, pensar, replegarse, inhalar e inspirar profunda y continuamente va «sopleteando» el alma como el viento que abre los bloques de hielo y permite la navegación a lugares con paisajes sorprendentes, algunos nuevos y otros renovados. Parajes silenciosos, sin ruidos, donde parece que la vida fluye.

Ya habíamos quedado en que quedarse en una sola fase del proceso respiratorio te provocaba asfixia. Si nos quedamos en el síndrome del «yo, mi, me, conmigo» de la inhalación te ahogas y te pierdes en la centrípeta como en el remolino del lavabo o implotas como en el agujero negro del solipsismo y el individualismo. Por eso, después de una buena inhalación con inspiración de broncodilatador, que ayuda a expandir la capacidad de consciencia y autoconocimiento, es indispensable y literalmente vital exhalar. Soplar. Pero no sólo un expirar para dejar espacio en las vías aéreas para otra inhalación. Hay quien con la fuerza de su exhalación busca un sentido, ya sea para impulsar las velas de los barcos de la vida de otros, dar una bocanada de respiración boca a boca, vibrar en la garganta para producir la palabra que ilumina o la nota musical que inspira. Cada quien buscando un sentido, un significado valioso a su soplido.

Uno de mis maestros, Carlos Pulido, decía que todos, en nuestra relación con otros, somos unos soplones. Con cuidado y ternura atizamos y damos oxígeno a la brasa ardiendo del potencial de aquellos a quienes queremos, con la ilusión de que se convierta en fuego.

Estas dosis de sabiduría, recetadas por mi abuelo, me han ayudado mucho a entender mi historia, a poder hacer un diagnóstico no basado en ningún mono del zoológico sino, más bien, inspirado en ese que se me aparece en el espejo.

Después de la inspiración que me regalaron mi familia y mis amigos, de ese regalo de acompañarme para oxigenarme el alma, empecé a sentir que era indispensable responder, exhalar para agradecer. Sentí que decir simplemente gracias era muy correcto en los usos y costumbres socialmente aceptados, pero absolutamente insuficiente. Había que agradecer de la misma manera que ellos lo habían hecho conmigo, en GERUNDIO. Acompañando, compartiendo, escuchando, siendo, haciendo. Por eso empecé a hacer algunas cosas. Me di cuenta de que, así como cuando te rompes tú, se rompe también quien te quiere. Y que cuando te reconstruyes tú, ayudas a recomponer a quienes te quieren. Ése es el poder personal, el impulso de la inspiración. El contagio de la reinvención. La satisfacción de saber que tu esfuerzo te ayuda a moverte y que además conmueve a otros. Las actividades se llenan de sentido y se multiplica su significado porque ya no eres tú el único implicado ni beneficiario. Te sientes como cuando niño jugabas a las escondidas y te tocaba salvar a los demás. ¿Te acuerdas? Cuando nadie te descubría y llegabas a «la base» y gritabas: «¡un, dos, tres; por mí y por todos mis compañeros!».

Correr para llegar más cerca o andar para acomodar

Pues así comencé a salir a la calle a hacer ejercicio en la silla de ruedas. Al principio, con una silla pesadísima, me impulsaba con muchas dificultades unos tres metros. Luego de unas semanas, diez metros. El día que le di una vuelta a la cuadra me sentía un maratonista. Salían conmigo mi hermano, a veces mis primos, a veces amigos que me acompañaban, me platicaban y me echaban porras. Eso sí, no me empujaban porque estábamos en plan deportivo. Yo no era en esos momentos un accidentado en recuperación, era un deportista en entrenamiento y acondicionamiento físico.

Hoy en día una de las cosas que disfruto mucho es salir a «correr»; para decirlo más correctamente sería a rodar rápido en mi silla de ruedas. No tengo una de carreras (y, la verdad, no soy tan bueno en esto del atletismo), pero por lo menos una o dos veces a la semana hago un recorrido de cinco kilómetros. ¡Ah!, ¡cuántos asuntos he resuelto en esos trayectos! He podido convertir muchas frustraciones en energía para enfrentar una pendiente de subida. He encontrado muchas respuestas y me he planteado miles de interrogantes. Te puedo decir que muchos de los capítulos de este libro los desarrollé ahí. Con el movimiento repetitivo y rítmico de impulsar unas ruedas que sirven como un mantra se me han ocurrido muchas ideas. Las musas, en mi caso, tienen un perfil deportivo que hay que alcanzar con determinación en las subidas y aprovechar en las bajadas. Hay un fenómeno muy raro porque, mientras objetivamente recorro cinco kilómetros, muchas veces mi viaje interior, mi carrera interna me lleva mucho más lejos, o tal vez mucho más cerca…: de mí y de mis compañeros. Además, eso de «correr» en la silla de ruedas, me hace de marcapasos. Primero acelera mi corazón y después hace que retome su ritmo natural. Sobre todo cuando ando muy acelerado o con alguna preocupación o asunto no resuelto, me sirve como en una computadora cuando restableces el sistema. Para mí es como uno de esos equilibrios de la vida: te cansas en lo físico, pero descansan tus emociones, tus preocupaciones y arreglas algunos cajones de tu alma. Además, qué bien se siente al hacer ejercicio. Los pulmones como que se llenan más; hay una especie de sensación de contento y te da una hambre con la que disfrutas más la comida.

Nadar para preguntar y refrescar

Como me gusta eso de ser un poco anfibio, desde mi rehabilitación, también me puse a nadar. Desde antes de mi accidente, ya era mejor nadando de dorso. Con mi lesión medular, con más razón éste se convirtió en el estilo más fácil y natural. Oye, eso de nadar de estilo libre o de pecho cuando tu cuerpo flota para allá y para acá, y no te deja muy fácil sacar la cabeza, es complicado y te hace muuuy lento. Bueno, el caso es que nadar me ayudó mucho y me gusta. Me iba a Tequesquitengo y nadaba en el lago. Nadando de espalda mirando las nubes, buscando figuras en ellas que tengan sentido, preguntándoles y escuchando sus preguntas, intentando en cada brazada una respuesta, avanzando y arrastrando unas piernas flacas pero que bien que lastran.

Hay algunas complicaciones –tal vez las que más dificultades provocan– que no se aprecian a simple vista. Eso de no caminar, por ejemplo, es muy evidente. Sin embargo hay otros asuntos que no lo son y que cuesta trabajo el que los demás los entiendan. Uno de ellos es, por ejemplo, el de la regulación de la temperatura. Desde que me rompí el cuello, digamos que «se me descompuso el termostato». Si estoy un rato en el sol o hace calor, no sudo una gota pero se me ponen los ojos rojos, se irritan, se me tapa la nariz como si tuviera un gripón y me da un malestar horrible, un mareo espantoso como cuando te baja fuertemente la presión. Para enfrentar este reto, tengo una pistola de agua con la que me rocío y provoco un efecto similar al del sudor. Como vivo en un lugar muy calientito, me la paso mojándome la cabeza y el cuello casi todo el año y soy bastante inexperto en temas de frío. Tan es así que, un día, mientras nadaba en el lago junto a la pista de *slalom*, iba contando las boyas para saber cuántos metros llevaba y, de pronto, empecé a sentirme un poco mareado y ya no me acordaba de cuántas boyas llevaba. Me detuve y le hablé a mi hermano y a David, un amigo catalán, que estaba con nosotros. Me ayudaron a salir del agua, tenía frío, era un día de diciembre o enero. David y Sergio se reían y se burlaban de mí porque hablaba lento y se me barrían las palabras como si estuviera borracho. Me dolía la cabeza y temblaba como un perro en aguacero. Me puse unos *pants*, una chamarra y me subí al coche con la calefacción prendida y las ventanas cerradas. Tardé un par de horas en volver a sentirme bien. Cuando lo comenté con Roberto, mi doctor, me dijo que lo que me había pasado era un principio de hipotermia. Como no siento gran parte de mi cuerpo, iba perdiendo temperatura sin que yo lo registrara hasta que resultaba un asunto sistémico. En palabras sencillas, me estaba congelando. Después de esa experiencia, decidí nadar con *wetsuit* cuando nadara en el lago. Además de prevenirme del frío me ayuda a flotar un poco mejor.

Esquiar para reescribirme

Después de unos meses de mi lesión medular, me dieron ganas de esquiar. Conseguí una tabla y esquié un poco, acostado de panza sobre la tabla y tomando el maneral de la cuerda con las muñecas porque las manos no me funcionan. Estuvo bien porque significaba un reto y sentía nuevamente lo que se siente al esquiar, aunque no podía hacer muchas cosas y eso de esquiar acostado no era muy cómodo.

Un día, no mucho tiempo después de ese primer reencuentro con el esquí, Sergio descubrió un reportaje en la revista *Water Ski* sobre un esquí especial para personas con discapacidad. Salía una foto de un personaje de pelo largo sentado en un *slalom* más grande de lo normal y en un sillín especial. En el pie de página estaba la dirección de una escuela de esquí especial. No sólo leímos el reportaje sino que examinamos la foto, de verdad la estudiamos tratando de ver su diseño, tamaño, posición, materiales, etc. ¿Me funcionaría? El de la foto se ve que es parapléjico porque se puede agarrar con las manos. ¿Cómo lo haría yo? ¿Me aguantaré tomando el maneral con las muñecas? Mil preguntas entintadas de dudas, ilusión y miedo que se me aparecían en la noche porque en la mesa, junto a mi cama, tenía esa revista con esa foto y ese proyecto que a veces me sonaba a locura, a veces a revolución y venganza al destino y, a veces, a fantasía porque en realidad no sabía si esos esquíes los vendían, cuánto costaban, dónde se conseguían, si era necesario hacerlos a la medida o a las necesidades de cada persona.

En agosto de 1989 Sergio participaría en el campeonato mundial a celebrarse en West Palm Beach, Florida. Contactamos con la «escuela de esquí», que resultó un asunto bastante improvisado, y nos lanzamos mi mamá y yo a Florida tres días antes del torneo de mi hermano. Nos recogió el personaje de la foto de la revista en una camioneta bastante abollada y con una música *heavy* metal que no ayudaba mucho para platicar y poder preguntarle: ¿cómo lo vamos a hacer?

Llegamos a una casa junto a un lago, uno de los miles de Florida. Después de cruzar la puerta de la entrada, la sala estaba decorada con una pecera que no tenía agua, sino una enorme víbora. Afortunadamente seguimos directo al jardín de atrás donde encontramos a una pareja que resultaron ser los vecinos y que, de manera voluntaria, ayudaban a los alumnos. Eran, además de mi mamá, los únicos miembros del elenco que no tenían alguna discapacidad. El resto, dos o tres sujetos más, incluyendo al maestro, director de la escuela, eran como personajes extraídos de la película *Nacido el 4 de julio*. ¿Te acuerdas de ella? Actúa Tom Cruise como un soldado que se queda parapléjico en la guerra de Vietnam. Lo que me parecía interesante es que, según lo que averigüé, todos eran veteranos del ejército y ninguno había resultado herido en batalla. Es más, ninguno había sido herido por arma de fuego. Más bien eran víctimas de la guerra de la velocidad: accidentes automovilísticos, en motocicleta o caídas en condiciones no muy claras.

Después de una breve presentación, empezó la acción. Primero me bajé de la silla de ruedas y me metí en la alberca. La primera lección consistía en aprender a ponerte el esquí, o más bien a ponerte en él. El asunto no es fácil: hay que meterse en el sillín y hundir el esquí debajo de ti, así como mantenerlo estable para acomodar los pies en un arco de hule sin dejar ningún dedo fuera. Si, de por sí, mi cuerpo flota como se le da la gana, imagina además acomodarte y sumergir una tabla de madera de 50 cm de ancho por 2,5 m de largo. Para eso estaba la pareja de voluntarios, quienes te ayudaban a colocarte en el esquí y a aprender a flotar con cierta estabilidad manteniéndolo debajo de ti. Después de tres simulacros de montarse y desmontarse del esquí y de domar el flotado del mismo, pasamos al tema de la posición de la cuerda. Como era el primer intento, y además por mi discapacidad no puedo tomar la cuerda con las manos, me explicaron que iban a atorar el maneral en una tabla de madera vertical que estaba puesta en la punta del esquí. Le hacían un nudo a la cuerda y la metían en una ranura. De esta manera, la lancha tiraría directamente del esquí y yo sólo tendría que preocuparme del equilibrio. Iría como en un trineo sentado.

Luego pasamos a la siguiente fase que ya era en el lago con la lancha. Me puse en posición con la ayuda de los asistentes que estaban conmigo en el agua y pusimos la cuerda en su lugar. Con un grito de *hit it!* la lancha arrancó y la gran tabla de madera empezó a deslizarse sobre el agua. La verdad es que en ese momento ya no sentí ningún problema con el equilibrio porque el esquí ya no se movía de un lado para el otro. Por eso, después de un par de minutos, pensé que la modalidad trineo era un poco ñoña y aburrida. Decidí tomar el maneral con la mano derecha, la atoré y tiré la cuerda hacia arriba para zafarla de la ranura. Una vez libre, metí la otra mano y me encontré esquiando sentado y sintiendo la fuerza de la lancha en mis brazos agarrando la cuerda con las manos dobladas apoyando el maneral en las dos muñecas. Eso sí era mucho más parecido a esquiar y a lo que había visto en la foto de aquella revista. Después de un rato, me sentí cómodo y me salí de la ola del lado derecho. El maestro que conducía la lancha gritaba como un loco y mi mamá, que por supuesto iba a bordo con su cámara de video que siempre la acompaña, sonreía con esa complicidad que me hace sentir que me entiende perfectamente al atreverme a estas locuras. Un año y medio después del accidente, Jorge era otra vez esquiador.

Crucé varias veces las estelas de la lancha. Las primeras veces con mucha precaución pensando en que, si me caía, los voluntarios no estaban a la mano para volverme a poner en posición y volver a salir. No me preocupaba una posible caída, me sabía capaz de salir del esquí y flotar perfectamente. Para lo que había nadado en los meses anteriores, eso era pan comido. Lo que no me quedaba muy claro era cuál era el procedimiento en la mitad del lago cuando el conductor de la lancha, el maestro, era parapléjico y la otra persona a bordo era mi mamá. En fin, el caso es que no me caí y esquié un buen rato hasta que se me cansaron los brazos y me solté frente a la casa para que los voluntarios me ayudaran a salir del agua y sentarme en mi silla de ruedas.

Muy emocionado, mi mamá me ayudó a cambiarme y pasar a la siguiente etapa: comprar equipo para poder llevar lo vivido a mi casa y poder ser de verdad otra vez esquiador.

Fuimos a la sala de la casa y, con la víbora de la pecera como testigo de honor, empecé la negociación. Yo quería comprar el esquí que había usado para aprender, eso era lo más lógico. Además, vi que tenían un *slalom* de fibra de vidrio, más angosto, negro con azul. Se veía mucho más profesional, era más parecido a un esquí de *slalom* normal de los que yo había usado cuando esquiaba de pie. Era como el que había visto mil veces en la foto de la revista.

¿Cuánto puede costar un equipo como el que había usado? No tenía ni idea. Tenía la impresión de que el maestro de esquí podría resultar un poco abusivo. Pero, por otro lado, ¿cuánto valía la oportunidad de regresar al agua detrás de la lancha y sentirme Jorge esquiador? Me sentía como Indiana Jones negociando con un beduino en la mitad del desierto que le regatea el agua. Pagué las lecciones, compré el esquí de madera grande que había usado y la tabla de *slalom* negra que, por cierto, no era nueva; se veía bien usada. El primero significaba la continuidad en México de lo que había logrado en esa primera esquiada en Florida; el segundo era un sueño de futuro porque ni siquiera sabía si podría llegar a aprender a salir sin la posibilidad de atorar la cuerda al esquí.

Con dos esquís bien largos y una estructura de metal con una lona para sentarse que se atornilla en la tabla, salimos mi mamá y yo de esa casa como dos niños traviesos que sacaban el botín de un juego de policías y ladrones. La mitad de la misión estaba cumplida: Jorge había vuelto a esquiar y tenía con qué seguir en casa. Ahora tocaba irnos a West Palm Beach a alcanzar a Sergio y a mi papá para acompañar y apoyar a mi hermano en el campeonato mundial.

Qué bien fue ver al inge Sergio esquiar representando a México en el campeonato mundial. Esquió bien, como normalmente lo hace. Es muy bueno para estar sereno, domar los nervios y competir bien. Regresamos a México, otra vez los dos hermanos como esquiadores. Cada uno con un logro deportivo y personal traído de Florida.

Armamos un equipo para replicar la estructura de apoyo a fin de que yo pudiera esquiar. A veces se echaban al agua amigos, mi hermano o primos para ayudarme a estabilizarme y prepararme para que la lancha me tirara y salir esquiando. Es afortunado tener en el deporte y en la vida ami-

Caminando juntos para ensanchar nuestras vidas.

Nos encantan los tiburones.

Esquiando juntos: sincronizando nuestros corazones.

Con Tere y Pablo.

Es el momento: Pablo aprende a esquiar.
Sergio, mi hermano, lo acompaña a atreverse.

Medalla de oro en el Campeonato Mundial en Vichy, Francia.
Acompañado y premiado por Pablo.

Con mis amigos de Lo Que de Verdad Importa.

Los papás de Tere.

Mi papá, Tere, Sergio, Aline, mi Mamá (arriba)
Yo, Martina, Diego, Patricio y Pablo (abajo).

En *slalom*.

En figuras.

Otra en figuras.

gos que se lancen contigo para darte estabilidad, estructura y apoyo para que puedas despegar e irte por tu propia fuerza y voluntad a hacer lo que te gusta. El gusto adicional es que después de esquiar, ya en la lancha, me tocaba manejarle a mi hermano o a alguno de los otros esquiadores del equipo de apoyo.

Después de algunas sesiones, aprendí a flotar sin necesidad de apoyo de nadie. Solamente me tenían que ayudar desde la orilla o desde la lancha a sumergir un poco el esquí y, ya una vez debajo de mí, yo lo controlaba.

La siguiente innovación fue con la tabla negra de *slalom* de fibra de vidrio. A mi hermano, normal en el inge Serch, se le ocurrió que podría atornillarle una pequeña cuña de madera en la punta al esquí. Con un pequeño ajuste en la cuerda que se abrazaba al esquí y se atoraba en la cuña de madera podría salir en la modalidad trineo y, con un ligero tirón, zafaba el maneral y esquiaría en esa tabla. Las ventajas eran que el *slalom* negro era más angosto y más corto y, por tanto, flotaba menos. Esto facilitaba mucho el posicionamiento en el agua. Además, con el fondo cóncavo, permitía lograr un mayor ángulo y cruzar con más velocidad las estelas, o sea, esquiar y no únicamente ser arrastrado por la lancha.

Otro avance muy, pero muy importante, fue lograr salir esquiando sin usar el mecanismo «tipo trineo». Esto significaba poder flotar con el esquí debajo de mí, tomar directamente el maneral con las muñecas, acomodar la punta de la tabla junto a la cuerda y, al recibir el tirón de la lancha en los brazos, mantenerlo apuntando hacia adelante y sin perder el equilibrio. Todo esto con un cuerpo que del pecho para abajo no hace caso y que solamente es puesto en orden y posición por el peso de la cabeza y la posición de la cuerda. Por eso, en muchas de estas sesiones, me cansaba más de los intentos para salir que del tiempo que efectivamente esquiaba. Aunque, claro, cada vez era más esquiador y menos dependiente de adaptaciones y ayudas. De eso va la vida, ¿no crees? De ir soltando nuestras dependencias para deslizarnos en la existencia más libres.

Una genialidad del inge Serch fue la ocurrencia planteada en forma de pregunta: «¿No podrás hacer figuras?». Como mi hermano es un hombre de acción, que no se anda haciendo preguntas en lo abstracto, la siguiente escena incluía una cinta métrica y un serrucho. Con algunos cálculos, unas medidas para verificar el centro de gravedad y una dosis de intuición, que siempre proyecta como certeza y seguridad, Sergio cortó el esquí de madera con el que aprendí a esquiar. Le cortó, más o menos, un metro a la tabla en la parte de atrás y recubrió la zona del corte con fibra y resina para evitar que se humedeciera y se pudriera. Luego esperamos unas horas a que secara el parche y nos fuimos al lago a probar el ajuste.

Pues el asunto funcionó y pude salir esquiando sin problemas. Ajustamos la velocidad de la lancha y primero crucé las olas con bastante facilidad; después, intenté girar el esquí con la figura más básica que consiste en ponerlo a 90º y esquiar con la tabla perpendicular a la lancha. Oye, perfecto.

Lo intenté girando hacia el otro sentido, y también lo logré. La mejor parte fue el 180º: giré y pude esquiar volteando hacia atrás. Veía la estela que dejaba la lancha y la que dejaba yo. Creo que esa figura, con la posibilidad de esquiar de espaldas a la lancha, era un punto de inflexión en mi rehabilitación. Ahora podía mirar hacia atrás y ver, no únicamente lo que se quedaba y no iba a volver a ser, lo irremediable de mi pasado y de mi historia, también podía mirar y revalorar lo que había logrado y lo que mis experiencias me estaban regalando. En mi biografía se volvía a escribir «esquiador de figuras». Me sentía otra vez un esquiador completo. Cerraba un ciclo como cuando haces el 360º y, después de dar una vuelta completa pasando la cuerda de una mano a otra, vuelves a tomar tu rumbo. Con mayor valor podía ver el pasado. Así como la estela y el movimiento de agua que provoco con mi esquí y con los giros, así era la vida. Cuando vas esquiando de espalda, ves la turbulencia inmediata y las olas que se generan. Pero si levantas un poco la cara, como debe ser en una buena posición de figuras, puedes ver un poco más lejos y, cuando ganas perspectiva, te das cuenta de que la turbulencia y el oleaje pasan, se alejan y las aguas vuelven a su nivel. Qué útil es no quedarse en la negación y, con la seguridad que da el saberse tirado hacia adelante, poder voltear para reaprender y reescribir tu historia desde una nueva perspectiva. Intentando hacer poesía de lo que parecía una profecía de fatalismo. Claro, uno no puede esquiar de espaldas para siempre, como tampoco se puede vivir en la nostalgia y en la cáscara de frutos del ayer. Hay que girar de regreso, retomar la cuerda con ambas manos y mirar el destino, el futuro, buscando el encuentro en la mirada y la sonrisa de los que te observan desde la lancha.

Retomé la disciplina deportiva. Combinaba el estudio de la licenciatura en Administración de Empresas con las sesiones de ejercicio en la silla de ruedas y el entrenamiento en esquí de figuras y *slalom*. Procuraba, como lo hago hasta ahora, esquiar tres o cuatro días a la semana. A muchas clases de la universidad, de las que no eran a primera hora, llegué con los pelos un poco revueltos y todavía un poco húmedos del lago.

No recuerdo cómo fue que nos enteramos, creo que a través de algún amigo de los que hice en la escuela de esquí adaptado, pero el asunto es que había un torneo de esquí para personas con discapacidad. Se llevaba a cabo en Cypress Gardens, Florida. Es un lugar mítico, es como la capital del esquí acuático en el mundo. Se habían celebrado campeonatos del mundo ahí. Me inscribí. Ya, para ese momento, podía hacer bastantes más giros en la modalidad de figuras y pasar la pista de *slalom*, que consiste de seis boyas que tienes que librar por la parte exterior mientras la lancha sigue un recorrido recto. Cada vez que pasas las seis boyas, la lancha aumenta la velocidad en tres kilómetros hasta que te caigas o falles. Si llegas a una velocidad tope (58 km/h) la cuerda se recorta de acuerdo a unas medidas preestablecidas.

Entrené bastante para ese torneo, sin tener muy claro qué esperar. No tenía ningún parámetro de resultados de otro torneo y los únicos referentes eran los que había podido intuir de lo observado en la escuela de esquí. Establecí con mi papá, entrenador, estratega y *coach* una rutina de figuras que buscaba explotar todos los giros que sabía en ese momento sin arriesgarme a una caída demasiado prematura por buscar hacer los giros muy rápido. El objetivo era hacerlos con claridad y pausa. Era la primera evaluación formal de unos jueces de mi desempeño en el esquí «sentado». No queríamos perder la oportunidad de recibir retroalimentación sobre el crédito o no de las figuras. «Primero vamos a ver qué nos dicen sobre qué tan marcado está cada movimiento y, sobre todo, si en los giros de ola ven que estás saltando lo suficiente. Ya buscamos luego más rapidez para meter más giros. Primero bien y ya después lo hacemos más rápido, sino ninguno de los dos», me decía mi papá.

Así fue como competí por primera vez después de mi accidente. Un poco más de dos años después de caerme y romperme el cuello, regresaba a un campeonato. Me fue muy bien, me di cuenta de que la ignorancia sobre las categorías de competición me había llevado a compararme con esquiadores que tenían lesiones muy bajas y, por tanto, muchas menores limitaciones físicas que yo. El resultado: los giros eran claros, tenían crédito y les di un susto a competidores mucho más experimentados que yo. Hice los puntos que habíamos presupuestado. Misión cumplida. En *slalom*, resultó una novedad que un competidor cuadripléjico pudiera pasar la pista de *slalom* y no únicamente cruzara las olas contrarreloj, como se acostumbraba hasta entonces.

El año siguiente asistí a la copa mundial en Ann Arbor, Michigan. Repetí la estrategia y logré estar en el pódium por primera vez. Gané la medalla de bronce en figuras. En *slalom* hice lo que sabía con un resultado similar a lo que lograba en los entrenamientos. Sin embargo, no logré pasar a la final. Qué divertido fue escuchar algunos comentarios a mi regreso a México y descubrir el impacto que tienen las medallas. Muchos amigos me felicitaron y sentí que compartían la emoción y entendían conmigo lo que un logro deportivo significaba en mi vida. Hubo quien me decía: «¿Y en *slalom* qué? Porque cargar con ese "esquizote" para no traer otra medalla…». Recuerdo que así le habían dicho también a mi hermano unos años atrás, cuando en el Hidroscalo de Milán, Italia, logró el quinto lugar mundial por equipos en la categoría juvenil. «Andar paseando el esquí hasta Europa para no traerse una medalla.» Oye, ni que fueran enchiladas. Alguna vez escuché a Carlos Mercenario, mexicano medallista de plata en 50 km de marcha en los Juegos Olímpicos de Barcelona, decir: «A veces, así pasa a quien nunca ha competido o arriesgado. Piensan que las medallas están puestas en una mesa y uno pasa y las recoge. No, las medallas se ganan, se merecen y se consiguen. Además, el deporte no es matemático». Pues sí, hay que entrenar para elevar las probabilidades, pero las variables cambian y el resultado de la ecuación no siempre resulta en 1º, 2º o 3ᵉʳ lugar y, lo más importante, no es equivalente a no ganar. Se gana de muchas maneras. Ya te lo plantearé más adelante.

Dos años después fuimos a Roquebrune, Francia, al primer Campeonato Mundial de Esquí Acuático para personas con discapacidad. Lo digo en plural porque en verdad éramos una buena banda. ¡Ah, qué montón de gente para la porra juntamos! Tíos, primos, amigos y demás.

En este torneo habían cambiado algunas reglas: en lugar de una sola categoría de esquiadores sentados, había tres y te clasificaban con base en tu nivel de lesión y capacidades funcionales. Yo quedaba en la categoría MP1 (Multiple Plegics 1). Esto significa que no puedes tomar la cuerda con las manos, usas las muñecas y no tienes equilibrio en el tronco. Ya te imaginarás las pruebas para verificar el equilibrio. Te sentabas en una tabla con una base curva que se movía como una silla mecedora, pero que en lugar de adelante y atrás, se movía de un lado para el otro. Tenías que pasar una pelota por arriba de tu cabeza con los brazos estirados, inclinarte de un lado y del otro, agacharte con los brazos extendidos hacia los lados (lo cual en mi caso provoca que me vaya de cabeza hasta tocar las rodillas con la nariz y mi tronco se va como tapa de WC si no me detengo con los brazos), dejarte ir hacia atrás como si estuvieras haciendo abdominales (claro, como los músculos abdominales no funcionan, esta prueba es más bien como un ejercicio de confianza en que el terapeuta que está detrás te cogerá y no te desnucarás en la demostración) y otras evaluaciones que ya no recuerdo. Eso sí, terminas igual de cansado de la clasificación que después de hacer un entrenamiento.

El otro cambio importante tenía que ver con las medidas de los esquís, específicamente los de figuras. Se estableció que la tabla no podía medir más del 30 % de ancho de lo que midiera de largo. Mi tabla hechiza no cumplía con el estándar, así que tuve que conseguir un esquí nuevo. Se lo compré a un noruego que conocí en la copa del mundo de Michigan. Ese esquí era mucho más chico. Giraba muy rápido y fácil y además lograbas muy buen ángulo cuando cruzabas hacia la ola, por lo cual era muy fácil saltar y que no hubiera duda en los giros de estela. Sin embargo, era muy difícil salir esquiando; me tuve que fortalecer mucho y entrenar mil veces para asegurar la salida.

En un torneo tienes únicamente dos oportunidades para arrancar. Si no lo logras, se acabó. Ésa era la peor pesadilla que podía tener. Imagínate, hacer el viaje a Francia, acompañado por toda la banda, llevando esos enormes esquís, para que te atarantes, te pongas nervioso, te fallen dos intentos y, sin esquiar, regresar a México. Para evitar eso y alejar los malos pensamientos, cada vez que me entraba la ansiedad, imaginaba una salida perfecta: cómo sacaba la punta del esquí del agua, tensaba la cuerda, bajaba las manos y trataba de mantenerlas así para que la tabla fuera tirada hacia arriba, mantenía el equilibrio con la cabeza, gritaba «¡sale!», la lancha se ponía en marcha, un poco de agua me saltaba a la cara, la tensión en los brazos, las muñecas apretadas contra el maneral y la vista en la lancha, y ya estaba fuera, esquiando. Claro, no únicamente era un asunto de visualización y fuerza mental, también lo hice en diferentes lanchas con distintos pilotos para que no me acostumbrara demasiado al estilo, al ruido, a la respuesta en la aceleración, o a la maña de alguno de los pilotos.

En Roquebrune, no tuve problemas para salir. Me sentí a gusto desde los entrenamientos. Esquié muy bien en las dos modalidades. En figuras rompí por primera vez el récord mundial y escuché el himno nacional de mi país por mi culpa. Fue un momento muy importante. Un sueño, ser campeón del mundo.

En *slalom* pasé dos boyas a 52 km/h en la eliminatoria, lo cual también contaba como récord mundial. Sin embargo, a la mañana siguiente el juez jefe me llamó para avisarme que la velocidad de la última pasada no había tenido registro de tiempo y, por tanto, no podía homologarse el resultado de las últimas dos boyas. De todos modos era récord, pero quedaba en seis boyas a 49 km/h. ¡Ah, qué coraje! Era un error, una omisión del juez de lancha. No se podía repetir la prueba porque ya había pasado mucho tiempo. Era uno de esos momentos de aprender a asumir a fondo el lema de «las cosas se demuestran en el agua». No reclamar e intentar mejorar la marca en la final. No es nada fácil contenerse y no levantar la voz. Pero eso es lo que, a la larga, te da el prestigio de ser un esquiador y un deportista íntegro, además te ayuda a que después te inviten a participar como juez. El juez jefe me dijo: «Todavía tienes la final para hacerlo». Y yo, para mis adentros pensaba: «Sí, cómo no; como si fuera tan fácil, si por eso es un récord». La verdad es que tenía razón el juez jefe y había que regresar a intentar repetir el recorrido a 52 km/h.

Era un lago buenísimo, con unas condiciones ideales, pero en la final me tocó un viento muy fuerte, allá le llaman mistral. No provocaba muchas olas porque el lago era corto y bien resguardado por unas colinas pero, cuando pegaba de lado, se encañonaba entre dos colinitas y en la mitad de la pista de *slalom*, en la tercera boya, se sentía fuertísimo. Creo que, con toda sinceridad, fue más lo que me distrajo el viento que lo que físicamente me afectó. Pasé cinco boyas y media a 49 km/h. Suficiente para ganar y escuchar otra vez el himno nacional mexicano, pero no para igualar la marca que me quedó como una deuda. Después de ese torneo he tenido la oportunidad de ganar siete veces más el campeonato del mundo en figuras y seis veces en *slalom*. Y he roto el récord mundial de figuras en cuatro ocaciones.

El campeonato mundial se celebra cada dos años y esto me ha regalado la oportunidad de competir en Francia dos veces, Australia en tres ocasiones, Estados Unidos en tres ocasiones, así como en Gran Bretaña y Bélgica.

Aunque suene raro, creo que no es fácil competir en un campeonato mundial después de haber ganado ya una vez. Hay una trampa mental, parece que no hay nada que ganar, como si mantenerse no fuera ganar y más bien parece que hay todo que perder. Esto es por supuesto una falacia. Cada torneo es una aventura nueva y totalmente diferente. Cambia la sede, las condiciones de clima, los competidores, cambia también uno, la lancha, los motivos y los nervios. Así es el deporte y también la vida, aunque hay situaciones que parecen repetirse en ciclos, el haber logrado algo o haber ganado en algún momento no garantiza nada para el futuro.

Esto de continuar compitiendo es más bien una oportunidad para entender, resignificar y reforzar que la competencia tiene muchos componentes. Tiene una dimensión objetiva: los puntos, las medallas, el resultado, el marcador. También tiene componentes externos, los otros competidores y sus resultados, los cuales están fuera de nuestro control. Pero la competencia más importante, el torneo de verdad, es el que se da en el interior. En la mente y el corazón, en los retos que te planteas y los objetivos específicos que te marcas. Competir para crecer, aprender y ser mejor persona. Competir contigo mismo y, a veces, contra ti, contra tus dudas, tus miedos, tu cansancio y también contra la marca que lograste en el último o en el mejor torneo.

Hay torneos que usas para probar una figura nueva, otros donde las condiciones de frío o viento te invitan a dar por exitoso simplemente el no caerte. He competido en torneos con el objetivo de disfrutar y divertirme. Hay algunos, los más mágicos, donde logras entrar en una dimensión especial, te olvidas de todo, flotas de una manera especial, el esquí te lleva, tu cuerpo hace los movimientos fluidos y fáciles y, cuando te das cuenta, ya estás en el muelle de regreso. Esquiar para vivir esa magia. En otras ocasiones he competido para compartir y esperar que sea útil para quien me espera en el muelle. De hecho la medalla más significativa de mi vida fue la medalla de oro de figuras que gané en el 9º

Campeonato Mundial en Vichy, Francia. Más adelante, en el capítulo 10, te lo platicaré.

Competir contra ti o contigo. Competir para aprender y crecer. Competir para agradecer al oponente que te impulsa a mejorar. Competir para compartir. Competir para construir el deporte y fortalecerlo. Competir para descubrirme. Competir para encontrar lo mejor y, a veces, lo peor de mí. Competir para ganar y también para fracasar.

El deporte y la vida nos regalan la oportunidad de fracasar. Esto no siempre es agradable pero muchas veces puede resultar útil. Pedagógicamente útil. Por ejemplo, mi amigo Bill me enseñó, ganándome en la prueba de *slalom* y rompiendo mi récord, que había que buscar maneras muy distintas y atreverse a cambiar radicalmente. En lugar de iniciar a 46 km/h se presentó con una velocidad inicial de 52 km/h y en lugar de usar la cuerda a 18,25 m la llevaba a 11,25 m. Eso sonaba a una locura. Claro, la locura tenía la ventaja de que, a esa velocidad y distancia de cuerda, prácticamente no hay ola, la pasas por delante. En la eliminatoria de ese torneo se cayó, pasó de milagro a la ronda final. Pero en la ronda definitiva le funcionó la apuesta y llevó el récord a 2 boyas a 58 km/h.

Otra ocasión se presentó en el mundial de Orlando, en Florida, USA. Estábamos en un hotel muy bonito cerca de un lago espectacular para esquiar. No había viento pero lo que sí había era un calor de aquellos con una humedad de pantano tropical. Esquié en la ronda eliminatoria muy bien en ambas modalidades. En figuras, solamente me hicieron una pequeña observación en un giro. Esto ya en la revisión de video en cámara lenta para homologar un récord mundial. No pasaba para récord, pero yo me sentía muy seguro de poder corregir ese detalle en la final. Era de esos momentos donde el objetivo era competir para romper el récord. Estaba todo para lograrlo. Me fui a acostar con el insomnio propio de esos momentos.

Normalmente repasaba mentalmente mi recorrido intentando sentir, mirar, escuchar cada detalle de la pasada mientras estaba en la cama buscando que me atrapara el sueño. Si me desviaba de lo que estaba visualizando o se me aparecía una imagen donde me caía o me fallaba, regresaba la película y volvía al muelle de salida. Es un asunto interesante, parece como si en un torneo de dos rondas esquiaras en tu cabeza como cien o más veces. Pero en esa ocasión me empecé a sentir superansioso, repetía el recorrido mentalmente cientos de veces. Algo iba mal.

Me quedé dormido, tenía pesadillas que tenían que ver con el torneo; hasta en el sueño seguía esquiando y luchando por no caerme. Al cabo de un rato, me desperté con un frío terrible. Me tapé todo lo que pude pensando que nos había fallado la temperatura del aire acondicionado y, después de temblar un par de horas como hoja seca en el viento, me di cuenta de que tenía fiebre, pero mucha. A esa hora localizamos y despertamos al doctor del equipo americano. El «doc», que es buenísima onda, a puro ojo clínico me diagnosticó una infección de las vías urinarias. Me recetó y me dejó unas pastillas para bajar la fiebre y el malestar, así como unos antibióticos poderosos. A la mañana siguiente mi categoría estaba programada para las 9:00 am. A esa hora yo estaba hecho un trapo. Entre la desvelada, la infección, la fiebre y los antibióticos, ya no sabía ni cómo me llamaba. Un poco antes de que arrancara el torneo pedí que si se podría hacer un cambio en el programa para que mi categoría fuera la última del evento de figuras. Yo pensaba que ganando unas horas me recuperaría un poco y me lanzaba al agua. La respuesta fue categórica: «No se puede hacer un cambio en el orden de los eventos ni de las categorías por un motivo personal de un solo competidor». Pues qué se le va a hacer, a morderse la lengua y asumir las reglas. Esta vez parecía que «las cosas no podrían demostrarse en el agua». No pude participar en la final de figuras y perdí una oportunidad que pintaba muy buena para romper un récord. Los triunfos muchas veces te fortalecen pero creo que la enfermedad, el fracaso y el error a veces también te forjan. Te humanizan, te recuerdan que no eres un superhéroe y que la perfección es una quimera. Por supuesto y sinceramente, pasar en tu autoconcepto de ser un deportista en búsqueda de un récord a un enfermo tembloroso y pálido es muy frustrante.

El domingo fui a las finales de la prueba de *slalom*. Veía a la competencia sentado en una camioneta con el aire acondicionado prendido. Afuera estaban como a 42º C con una humedad espantosa. Yo adentro fresquito, con una concentración de antibióticos y de Tylenol considerable en la sangre. Por prescripción médica decidí esquiar. Claro, era una orientación más bien psiquiátrica que urológica. Tenía que esquiar para no enloquecer y no volver locos a quienes iban conmigo. Con diagnóstico de IVU (infección de vías urinarias), rasgos obsesivos compulsivos y ciertos efectos de los medicamentos, pasé las suficientes boyas para cepillármelos y ganar. Me cambié, me quité el *wetsuit* y me fui al hotel. Evidentemente, después regresé a recoger la medalla, que me supo a cierta compensación por la que de verdad quería, que era la de figuras.

Ahora, una pequeña aclaración. Antes comenté que el campeonato mundial se celebra cada dos años. Esto no es tan exacto, ya que creo que se celebra cada vez que uno se tira al agua a esquiar. Un campeonato, un torneo, se hilvana en cada entrenamiento, sin público, sin otro juez que tú o tu entrenador, temprano, para estar antes que nadie en el lago, una y otra vez, tratando de hilar un giro con el siguiente de la manera más armónica para intentar tejerte como deportista y como esquiador. Además, a veces sin darte mucho cuenta, se tejen también unas redes increíbles de amistad y de cariño gracias al deporte.

Efectos secundarios del deporte, o la teoría de las fintas

Este nombre de la teoría de las fintas se lo debo a mi amigazo Eduardo Garza. La idea es que así como en el fútbol un jugador hace creer al otro que va a moverse en una dirección, lo engaña y corre en otra diferente con el balón para pasarlo, es decir, le hace una finta, así también funciona el deporte en la vida. Uno se establece objetivos, resultados, puntuaciones, marcadores y crea una rutina y una disciplina para alcanzarlos. Lo que resulta muy divertido es que en el proceso, como un tratamiento médico, se dan efectos secundarios.

Yo creo que en el caso del deporte y de mi vida, los efectos, más que secundarios, han resultado, más bien, primarios. Me explico: resulta que el proceso de tomar un esquí, aprender a usarlo, salir esquiando, agarrarle la onda, entusiasmarse con la actividad, repetirla mil veces, competir, viajar y hasta tener algunos percances, todas estas cosas y más, sirven como colores de una paleta de donde tu existencia los toma para dar pinceladas y pintar el cuadro que realmente importa: el desarrollo integral de ser persona. Te presento algunos ejemplos donde el deporte me ha regalado piezas para el crecimiento en cada una de las dimensiones: biológica, psicológica, social y espiritual y que, en conjunto, conforman el rompecabezas de la vida.

Dimensión biológica

A mí el deporte, y en particular el esquí, me ha regalado muchas cosas. Entre otras, mi discapacidad. Pero al mismo tiempo, me dio la condición física y la fortaleza que me facilitaron enfrentar el reto. Por ejemplo, cuando estaba en terapia intensiva después de mi operación, entre nubarrones de confusión, me acuerdo que entró Roberto, mi neurocirujano.

Yo tenía un tubo metido por la boca que me llegaba mucho más allá de la garganta, que se sentía de horror. Seguramente con lenguaje de señas, porque con aquel tubo era imposible hablar, le pedí a Roberto que me lo quitara. Tomó un aparatito de plástico con tres tubitos que se interconectaban y una pelotita azul en cada uno. Le cambió la boquilla y me dijo: «A ver, flaco mal viviente, inhálale y, si puedes hacer que las tres pelotitas suban hasta el tope, te quito el maldito tubo». En cuanto me puso la cosa esa en la boca, y a pesar de los músculos que ya no me funcionaban, inspiré y llevé las tres pelotitas hasta el techo de su respectivo tubo y las mantuve un momentito. Por supuesto, Roberto, que no promete en falso, procedió a retirarme el maldito tubo y salí de la terapia intensiva en cuestión de horas.

La verdad es que nunca he sido gordo, creo que ni de bebé. Soy más bien modelo Don Quijote, flaco y largo, pero al tener una lesión medular y no tener movimiento voluntario de los músculos del pecho para abajo, es bien fácil que junto a unas piernas flacas te pongas bien panzón y subas de peso. Al tener que moverte en la silla y después transferirte sosteniéndote con tus brazos a donde quieras (asiento del coche, baño, cama, suelo, etc.), es muy útil mantenerte en forma. De no ser así tienes que levantar en cada movimiento más peso (que no es masa muscular) y además la barriga te estorba para la flexibilidad. Si no te puedes agachar fácil, se complica un montón vestirse, ponerse los zapatos o simplemente recoger una pluma cuando se te cae de la mesa. Por tanto, mantenerse en forma a través del deporte te ayuda, y no únicamente en tu autoestima al verte en el espejo. ¡Hombre, no es asunto de tener el físico perfecto!; con una lesión medular, eso está canijo. Pero poderte vestir más fácil, trasladarte, moverte, te da algo que ya no es físico ni biológico, pero le da mucho sentido a esta dimensión: LIBERTAD. Además, los amigos lo agradecen porque eres más ligero y portátil cuando te suben cargando por una escalera o alguna otra barrera arquitectónica.

Parece que es un lugar común decir que el deporte promueve la salud. En mi historia de vida hasta suena controvertidamente divertido: «El esquí acuático promueve la salud, mientras no te acerques demasiado a la orilla del lago». Sin embargo, es muy cierto, lo común no le resta verdad. Independientemente del fortalecimiento de los músculos de los brazos y del pecho, correr, nadar y esquiar me ayudan en asuntos físicos muy básicos como tomar más agua, que mi intestino funcione mejor y a respirar con más fuerza y profundidad. Cada uno de estos tres asuntos son muy relevantes y útiles para elevar la calidad de vida.

1. Tomar agua. Sobre todo cuando salgo a correr y cuando, después de esquiar, estoy en la lancha o en el muelle al sol, me da más sed y consumo más agua. Como también me da mucho calor, y ya te platiqué que no regulo bien la temperatura, me echo agua en la cabeza. Por eso siempre llevo agua pura, no te vas a estar untando agua de jamaica o de limón en el pelo. Más que tomar agua para conservar la línea o por dieta, en mi caso es muy importante to-

mar dos o tres litros diarios de agua porque mis riñones se mantienen ocupados y útiles y no ocupan su ocio en el cultivo de bacterias de nombres tan poéticos como Escherichia coli, Proteus, Klebsiella o Pseudomona. Así he reducido la incidencia de infecciones urinarias.

2. Mi intestino funciona mejor. Ya te platiqué antes que el tema del intestino es más lento con una lesión medular. Por eso el hambre que da hacer ejercicio ayuda a comer bien. Además, el movimiento muscular contagia a los intestinos a moverse y a no quedarse atascados y flojos. Así uno puede estar mejor nutrido, andar más ligero de equipaje y no perder tanto tiempo en las paradas de *pits*.

3. Respirar. Eso de respirar con fuerza y profundidad no sólo sirve para que te desentuben y salir rápido de la terapia intensiva. También puede llevarte a descubrir otros mundos. Ojo, no te estoy hablando de inhalar ningún estimulante, simplemente respirar aire con su contenido natural. Respirar desde el estómago, y no de manera superficial y acelerada, es suficiente y además es gratis.

Como parte de mi terapia física, hice muchos ejercicios de rehabilitación pulmonar para fortalecer los músculos que participan en la respiración. De manera intuitiva fui dándome cuenta de qué maravilla era inhalar y exhalar con conciencia y reduciendo el ritmo. En las sesiones de terapia que terminaba con los ejercicios de respiración me sentía menos cansado y con una gran sensación de bienestar. Con la natación y el ejercicio en la silla de ruedas me pasa lo mismo. Es como cuando a la computadora la reseteas, cuando le picas CONTROL+ALT+DELETE y se reinicia el sistema operativo. Cuando siento que se me va a caer el sistema por exceso de trabajo, preocupaciones, estrés o angustias varias, lo que más me sirve para que el ritmo de mi vida sea armónico y no un electrocardiograma de toro en la pamplonada es respirar varias veces con profundidad, conciencia, ritmo y control. También, si puedo, me pongo unos guantes y salgo a correr en la silla de ruedas. Es mágico: inhalas vida, inspiración y sabiduría. Exhalas problemas, estupidez y contrariedad. Normalmente regresas con alguna solución a los problemas o, por lo menos, alguna nueva intuición y con la sensación de mayor fortaleza para encarar las broncas.

Lo de descubrir otros mundos, que te comenté anteriormente, no es meramente metafórico. Te platico. Una tarde sonó el teléfono de la casa; yo contesté. Era Renate, una amiga a la que conocí en una Asociación que se llama Piensa Primero, para la prevención de accidentes. Renate era la presidenta de las Damas Voluntarias del Hospital ABC en México y eran el corazón y un apoyo de logística y organización extraordinario. Bueno, el asunto es que Renate me llamó para comentarme que Jacques, su marido, era buzo y que acababa de certificarse para enseñar a bucear a personas con discapacidad. Me preguntó si conocía a alguien con alguna discapacidad, que practicara algún deporte y que le interesara certificarse como buzo. Por supuesto que le contesté que yo era ese alguien, así que, unas semanas más tarde, estaba Jacques en mi casa con unos manuales, un rotafolio y unos rotuladores explicando la parte teórica del curso «Open Water Diver». Cabe mencionar que Jacques, además de buzo, es un extraordinario maestro, tiene una capacidad pedagógica y una claridad en los conceptos asombrosa. Bueno, es buzo, dive master por hobby, ya que su profesión es financiero y es un exitoso hombre de negocios de origen belga.

Después de esa primera sesión, en la que aprendí a calcular con las tablas de descompresión el tiempo y la profundidad de los buceos, Jacques nos dejó la tarea de estudiar los manuales y programamos la sesión de aguas confinadas en una alberca de una tienda de buceo en la Ciudad de México. En esa sesión hice todos los ejercicios de vaciar el visor de agua, soltar el regulador de la boca bajo el agua y todo lo demás sin ningún problema. Eso de hacer bucitos, como soy anfibio desde chiquito, no me resultaba extraño. Siempre me gustó aguantar la respiración y jugar en la alberca a sentirme delfín. Una de mis películas favoritas es *Azul Profundo*, donde dos buzos rompen el récord mundial de buceo en apnea.

Sin embargo, como parte del protocolo del curso para la certificación por parte de la Handicapped Scuba Association, se solicitaba un certificado médico que autorizaba y no restringía la actividad. Se lo pidió Jacques a un doctor. ¡Oh, sorpresa! Me puso una restricción de no poder descender más de tres metros, que, por cierto, era la profundidad de la alberca donde habíamos hecho la práctica de aguas confinadas. Cuando le hablé por teléfono, le dije: «No inventes,

Doc, me pusiste una restricción que es como para practicar buceo en la bañera». Su explicación fue: «Acuérdate de que no te funcionan los músculos intercostales y que eso limita tu capacidad respiratoria, y si a eso le aumentas la presión, no le busques; con eso que bajes ya está bien». Como el doctor es de ideas fijas, no pude hacerle entender que cuando buceas no te metes y te sumerges respirando de un popote a la superficie y que tienes un regulador que, como su nombre lo indica, regula la presión del aire que respiras. Toma el aire a alta presión de tu tanque de buceo y lo ajusta a la presión que necesitas para respirar.

Como Jacques es un buen maestro de buceo, y de la vida, no nos íbamos a saltar ningún requisito para la certificación porque con inteligencia, entusiasmo, creatividad y orden puedes divertirte con seguridad. Por tanto, lo que procedía era consultar a un especialista. Jacques concertó una cita con un neumólogo prestigiado. Me hicieron unas pruebas de espirometría, que ya conocía porque cuando era chico tuve asma y mi abuelo me las hacía en el consultorio que tenía en su casa: tienes que inflar los pulmones y soplar en un tubo conectado a la máquina hasta que los vacías totalmente. Repites la soplada unas tres veces. Después te aplican un broncodilatador, te esperas unos minutos a que haga efecto y repites la prueba. Tuve 98 % de lo esperado en la primera prueba y 114 % con el broncodilatador; según entiendo a mis pulmones les caben 4,96 litros de aire. O sea, estaba perfecto.

En cuanto estuvieron los resultados pasamos al consultorio del doctor. Le expliqué el objetivo de la consulta. Vio los resultados de la prueba y me dijo: «Qué, ¿vienes a presumir? Tienes una capacidad respiratoria perfecta. ¿Qué necesitas que firme?».

Salí del hospital con mi papelito, con una gran sonrisa, y después de una llamada telefónica con Jacques para compartir el botín, con la fecha del viaje a Cozumel para el último paso de la certificación de buceo: el mar. Viaje que, por cierto, con la generosidad que lo define, me regaló Jacques.

En Cozumel descubrí que efectivamente hay otro mundo, el subacuático. Es genial porque es como un mundo al revés. El piso esta arriba y el fondo parece no verse nunca, un precioso e infinito azul. Después de un poco de ayuda para subir al barco de buceo y para colocarme el chaleco y los tanques, me lanzo al agua y soy LIBRE. Con un tironcito que me da mi compañero me hundo el primer metro, después, a compensar la presión de los oídos y a DISFRUTAR la flotabilidad neutra, a volar como un astronauta. Es espectacular la sensación de no pesar, cuando inhalas asciendes un poquito y cuando exhalas, vas para abajo. Es como en la vida: inspiras para tomar aire, altura y perspectiva y cuando exhalas descubres la profundidad y te ayuda a regresar a tu realidad. Bucear es divertidísimo, puedes estar de pie o de cabeza, horizontal o vertical. Para avanzar uso unos guantes tipo pato con membranas entre los dedos; tú comprenderás que las aletas en los pies, en mi caso, serían únicamente estéticas y un estorbo; serían algo así como ponerle unos zapatos deportivos a una foca. En Cozumel tienes el regalo adicional de que hay una corriente muy agradable que te va llevando cariñosamente en un paseo gratis. Y, por si fuera poco, además de la sensación que regala la inmersión en el mar, te rodean la fauna marina, los peces, los arrecifes, los cangrejos, los tiburones, los pulpos y todos los bichos que parecen de ciencia ficción; en verdad, un coctel que te emborracha de colores. A donde volteas con tu visor, hay vida; por cada metro cuadrado, hay un mundanal de habitantes que se están moviendo a diferentes velocidades y ritmos en un ballet que regala su función a quien atraviesa el telón de la superficie del mar. En particular me gustan mucho las tortugas. Me siento muy identificado con ellas porque ambos somos seres que en la tierra nos movemos con dificultad y lentitud. Pero, debajo del agua, con unas buenas aletas frontales, volamos con ligereza y suavidad. Con su sabiduría, las amigas tortugas me ayudaron a entender la «teoría de la relatividad» en la discapacidad. Ésta explica que una discapacidad no es una condición absoluta e inamovible. Como no lo es tampoco la vida de ninguna persona con o sin discapacidad. Por eso Ortega y Gasset dice: «Yo soy yo y mi circunstancia, y si no la salvo a ella no me salvo yo». La discapacidad, y la vida, pueden ser vistas como una condición relativa al entorno en relación con las circunstancias. Por ejemplo, abordar el barco de buceo, que no está adaptado y en algunas ocasiones se mueve bien fuerte junto al muelle con la marejada, parece una barrera infranqueable. Pero si uno cuenta con una buena banda de amigos, con una tripulación como la de Scuba Du, no hay barrera para llegar a bucear. Yo por eso creo que el «Libre Acceso» está principalmente dado por el número y calidad de amigos. Los amigos son parte de las circunstancias que te salvan. Por otro lado, ya dentro del agua soy muy feliz y no tengo mayor limitación que tener que respirar de vez en cuando, por lo cual creo que mi discapacidad es más un asunto de estar en tierra; por eso soy un anfibio.

Dimensión psicológica

A veces el deporte se vincula y se entiende como un sinónimo de sacrificio, de esfuerzo. Y, sin duda, creo que hay algo de esto. Hay momentos en los que te tienes que enfrentar a situaciones adversas; por ejemplo, en el Campeonato Mundial de Vichy, Francia, me tocó competir en la final de *slalom* el sábado a las ocho de la mañana con 9º C y un viento helado. Con mi cuerpo, que ya te he platicado que es bastante desobediente y que con el frío me traiciona con unos espasmos y unas contracturas muy incómodas, no propicia condiciones muy favorecedoras para el desempeño deportivo. Pero la verdad es que, aunque de momento te cuesta trabajo y es muy incómodo, en un torneo ese reto dura muy poco tiempo. Te echas al agua, te congelas un rato y en unas horas ya estás seco y caliente.

El asunto que creo que verdaderamente importa es el de la constancia y la persistencia. En varios momentos de mi vida he esquiado hasta que las manos me sangraban llenas de callos, o los pies se me ampollaban del roce con la zapata o el arnés por esquiar con la cuerda al pie. Muchos días, desvelado o muy cansado, con viento, mucho frío o con dolor en todo el cuerpo, de todos modos me he echado a esquiar. Es en esas ocasiones que pareces preguntarte: ¿qué necesidad tengo de estar haciendo esto? Parece que en ello hay algo de diagnóstico obsesivo-compulsivo. Repetir mil veces una figura, caerte otras miles al agua para aprender o intentar mejorar en otra. ¿Esta locura de la necedad será también un efecto secundario del deporte? ¿Tendrá alguna utilidad o sólo es una compulsión?

De acuerdo con algunos estudios, no hay persona que haya destacado en alguna actividad, ya sea arte, una profesión o deporte que no haya dedicado a ella menos de 10.000 horas de entrenamiento intencionado. Por eso, cuando ves el desempeño extraordinario, aparentemente inexplicable y casi sobrehumano de algún artista, deportista, etc., lo que estás viendo es la punta de un iceberg. Lo que en una primera y superficial impresión es un talento extraterrestre, un prodigio celestial o un don o un regalo de la naturaleza o los genes, es más bien el resultado de miles de horas de trabajo, esfuerzo y voluntad. Parece que no hay otra receta para lograr el éxito. Ya lo decía mi papá: para aprender y mejorar a esquiar, hay que esquiar y volver a esquiar y cuando te cansas, volver a esquiar. Yo calculo que en un año de entrenamiento de figuras te caes más o menos 3.000 veces. Si tomamos el parámetro de que se considera necesario diez años de práctica para destacar resulta que, para llegar a un campeonato mundial, más o menos, te caíste 30.000 veces. Caerte, por tanto, no es fracasar. Es más bien un medio de aprendizaje y un indicador de que vas por buen camino. Seguramente habrás leído o visto esta expresión:

«He fallado más de 9.000 tiros. He perdido 300 juegos. En 26 ocasiones se me ha confiado el tiro decisivo de un partido y lo he fallado».

Esta declaración parecería estar firmada por *the looser*, pero es una manifestación muy clara de Michael Jordan, el jugador más destacado del baloncesto de la historia, que nos muestra cómo el error puede ser el mejor maestro y que el fracaso es, más bien, no aprender de la experiencia. A mis alumnitos alguna vez les dije que les iba a dar la receta para no perder nunca. Ésta consistía en que si al final de un torneo, un juego o una prueba te preguntas: ¿di mi mejor esfuerzo? ¿Aprendí algo? ¿No dejé que el miedo me paralizara o lo sentí y lo manejé? Si respondes afirmativamente a alguna de las tres preguntas, el marcador puede haber terminado en tu contra, te pudiste haber caído o no obtuviste el resultado de puntos que querías, pero no perdiste, ganaste en aprendizaje, desarrollo y experiencia en el juego más importante: el juego interior, el de la mente y el corazón. Por eso, creo que es un poco engañoso eso de la repetición y el sacrificio que suenan un poco masoquista. Por una parte, cada caída, cada figura, cada entrenamiento es diferente. En un entrenamiento intencionado, no haces lo mismo mil veces como un piloto automático. Si lo haces así, ya no es el entrenamiento intencionado y consciente que te lleva a aprender cosas nuevas y a lograr giros que parecían fuera de tus posibilidades, sino una vuelta en el paisaje de tu zona de confort que te deja en el mismo lugar de donde saliste. El automatismo es el camino de la mediocridad y el no crecimiento. Claro que hay que hacer los giros muchas veces para lograr estandarizar y saber y sentir qué está ocurriendo. Una vez que has logrado eso, desde ahí, puedes saber qué es lo que está mal y cambiar y mejorar. Es como las matemáticas en la resolución de una ecuación: tienes que lograr identificar las constantes e ir despejando las variables. Por eso no creo que sea aburrido entrenar, porque cada esquiada es diferente y siempre estás aprendiendo algo o planteándote un objetivo diferente. Igual que cada situación de la vida puede ser nueva y única, y no como un disco que se vuelve a tocar, así como León Felipe lo describe de manera hermosa:

> Ser en la vida romero,
>
> romero sólo que cruza siempre por caminos nuevos.
>
> Ser en la vida romero,
>
> sin más oficio, sin otro nombre y sin pueblo.
>
> Ser en la vida romero, romero…, sólo romero.
>
> Que no hagan callo las cosas ni en el alma ni en el cuerpo,
>
> pasar por todo una vez, una vez sólo y ligero,
>
> ligero, siempre ligero.

Además, hasta donde entiendo, cuando haces ejercicio tu cerebro segrega endorfinas, con las cuales te sientes muy bien. ¿O no es así? Cuando haces deporte te entra un contento muy rico y generas tu propia buena onda, por eso hacer ejercicio es adictivo y se convierte en un estilo de vida.

Quien tuvo la creatividad para aprovechar ese estilo de vida y plantearme mi rehabilitación, sobre todo en la dimensión de la terapia física, como un entrenamiento deportivo fue José Luis López Barbosa, quien fue mi terapeuta físico. José Luis, con su sencillez y calidez, tuvo la intuición de transfigurar las aburridísimas sesiones de fisioterapia en ejercicios para regresar al torneo de la vida, a una nueva vida. Claro, la vida no es un campeonato donde ganas medallas: se vive para vivir y el reto es enamorarse del deporte como te enamoras de la vida. Reinventó las rutinas para presentarme los problemas de posicionamiento, desplazamientos y traslados como retos a superar. Por ejemplo, sentarme sin un respaldo, sin músculos para sostener el equilibrio, era como aprender a salir esquiando. Subirme, treparme, arrastrarme, o como lo quieras decir —el proceso muy complicado de pasar de estar sentado en el suelo a llegar a estar sentado en la silla de ruedas–, era como aprender a hacer el *ski line back to back*, ese giro donde tienes que iniciar esquiando de espaldas, saltar por arriba de tu propia cuerda y girar 360º y caer hacia atrás.

José Luis me ayudó a llevar a la práctica esa idea que alguna vez me regaló Ricardo Torres Nava, el primer mexicano que subió al monte Everest, cuando decía que la montaña más difícil de escalar es el Everest diario. La pequeña cuesta de la dificultad cotidiana. José Luis fue un buen *coach* porque no era de esos que únicamente te señala qué puedes hacer mejor y cómo, sino que además genera un espacio, un sistema donde tú mismo puedes ir detectando tus avances. Contábamos desde el tiempo que aguantaba sentado, el número de lagartijas que hacía, el peso de las polainas y las repeticiones que lograba, la altura de la canasta de baloncesto y los tiros que lograba en cada uno, así como los metros que lograba avanzar en la silla de ruedas. Y yo podía, sin que nadie me lo dijera, saber si iba o venía en mi rehabilitación física. Así llegué a correr (rodar rápido) en un triatlón 10.000 m. Eso es una maravilla para la vida porque te ayuda a hacerte responsable y a aprender a establecer parámetros objetivos y claros.

Ése es otro de los regalos ocultos del deporte: aprender a establecer y trabajar por objetivos claros y específicos con medidas y criterios de logro muy evidentes. A mí, esto, más que la visión obsesiva del *winner* hambriento de éxito, me ha servido para aprender a vivir con ilusiones, con sueños, con ganas, con un reto para levantarte por la mañana. Esto también es una finta porque el resultado no es únicamente el objetivo, sino en lo que te conviertes al entrenar y trabajar para alcanzarlo, y también incluso cuando no lo alcanzas. De hecho, en los torneos, sobre todo en los que hay gran presión, se da una paradoja maravillosa. Ya quedamos en que para llegar a una competencia importante con posibilidades de destacar, has tenido que dedicarle literalmente miles de horas de entrenamiento. Para lograr esto te tienes que convencer de que es una meta valiosa, un objetivo por el que vale la pena dejar otras actividades de lado. Esa idea es la gasolina que te mueve al esfuerzo para la constancia y la repetición y con la que logras que tu cerebro lo aprenda y lo haga de una manera que parece «natural», como si fuera inconsciente. Incluso cuando logras hacer un giro y lo dominas, no siempre puedes explicar con palabras, con todo detalle, cómo lo haces. Es como cuando aprendes a manejar un coche o andar en bici. Las primeras veces tienes que concentrarte en tus movimientos y coordinación. Ya después, tu cuerpo «aprendió y sabe» y tu mente puede ir en otra cosa. La paradoja está en que en un torneo, después de todo el entrenamiento acumulado y la concentración invertida, lo que tienes que hacer es lograr que tu cuerpo se desempeñe como ya sabe y no dejar que tu mente racional (cerebro izquierdo) lo intente controlar. Por eso, la paradoja en un campeonato de alta presión es que si deseas demasiado ganar, y dejas que eso te lleve a intentar controlar tus movimientos, vas a esquiar como un aprendiz. Es bien difícil vivir en la contradicción paradójica de estar en un muelle de salida, a punto de tirarte a competir en un campeonato por el que has dejado la vida, y tener que convencerte de que «es sólo una esquiada más, sólo un deporte» y desprenderte del control para que tu experiencia fluya. Llenar tu mente de vacío para que tu cerebro racional se calle y pueda hablar tu cuerpo con la experiencia que le han dado miles de horas de ensayo. Esto se parece a lo que Victor Frankl llama intención paradójica y se usa de manera terapéutica. Por ejemplo, la forma más difícil de conciliar el sueño cuando tienes insomnio es intentar y concentrarte en quererte dormir.

La ansiedad que te provocas fortalece el insomnio. La paradoja se da en que, cuando piensas en mantenerte despierto, el sueño gana la batalla. Qué interesante y útil cosa, ¿no? Concentrarte, esforzarte y sacrificarte para el momento de la verdad y, cuando llega, convencerte de que de verdad es un momento más para así tener un mejor desempeño. Locura y sabiduría que provoca el deporte.

Me gusta la idea de transformarte en un deportista amateur, en un amante del deporte y del desarrollo integral, más que en un campeón profesional que hace un trabajo y tiene que andar cuidando permanentemente su máscara de éxito. Creo que si te crees y te pones la etiqueta de exitoso, de campeón, de inteligente o cualquiera otra de éstas, te pasas la vida cuidándola en lugar de arriesgar, aprender y vivir. Ser deportista es una metáfora de ser persona en desarrollo, de ser proceso, de vivir en el riesgo y en el camino del crecimiento. Hay que entrenar, competir, ganar y perder en la vida, para no tomarse tan en serio y ser un poco más persona.

Dimensión social

El esquí y el buceo son actividades que se inician en una isla y terminan en el mundo.

En una isla con fronteras de agua definidas convives de manera más cercana con sus habitantes. A diferencia de un gran continente o espacio donde te topas de manera superficial con mucha gente –y diría mi bisabuela con muy pocas personas–, en una ínsula sabes que esos que están ahí contigo, en ese espacio rodeado de agua, son lo que hay, y no hay más. Puedes encontrar a otros en otras islas pero, en el fondo, sabes que son de otra tribu porque en la isla se hace banda, se hace tribu, se hace clan. Además, cuanto más reducida es esa isla, más intensa se vuelve la interacción y más te conoces y los conoces porque no hay espacios para ocultarte. En una isla pequeña, hay personas, no gente. Por eso las películas de naufragios son tan fuertes, porque en el fondo te preguntan: ¿con quién estarías dispuesto a naufragar? ¿Con quién no te volverías loco o incluso te volverías mejor persona si estuvieras solo con él en una isla? Ésa es la maravilla de poder decidir con qué tripulación te embarcas en esa isla, que en el esquí se llama lancha y en el buceo es el pequeño barco donde te haces a la mar.

Flotando en la mitad del lago, mientras te preparas para tirarte al agua, te ajustas el *wetsuit* para que te proteja de las inclemencias del tiempo. Al mismo tiempo, en mi caso, también me iba haciendo un traje de cariño con las pláticas y los silencios de mi hermano y de mi papá que me ayudaría a aprender a ganar y a perder. Así se hace familia, así me hice más familia con un gran entrenador, mi papá, que me acompañó y me enseñó cómo puede caber la frustración y el coraje de un pésimo día de entrenamiento y también la alegría y el entusiasmo gigante de aprender un nuevo giro o lograr un recorrido nuevo en una barca tan chiquita. En ese pequeño espacio, a donde no puedes escapar ni de ti, ni de tus emociones, aprendes cómo los demás te aceptan, te contienen y te ayudan a metabolizar tus sentimientos y a convertirlos en acciones más funcionales. Es como cuando te pones el chaleco que en caso de una caída fuerte hace de salvavidas, incluso si pierdes el conocimiento, te mantiene a flote y te salva. Así es la tripulación de mi isla. También con el comparsa de mi hermano, que me retaba, me hacia reír, me molestaba, me daba sugerencias, me permitía darle las mías y con eso me entrenaba para esquiar, pero sobre todo me preparaba para poder hacer amigos de otras islas. Así que, en la isla flotante, en la lancha, se entrena y se construye familia; igual que en la vida, donde lo más importante para relacionarte con otros empieza en lo inmediato, con los más próximos.

Claro, por supuesto te pones un esquí para divertirte y convertirte en esquiador, en deportista, y para compartir con los que se quedan en la lancha la experiencia de ir juntos pero con distancia, con la distancia de una cuerda que te recuerda tu dependencia de la banda pero que, al tiempo, te da suficiente independencia y libertad para ir de un lado para el otro, de hacer piruetas, de acelerar, de mirarlos y de girar para darles un rato la espalda. Y así, entrenando en el lago, en los torneos, en la vida, vas encontrando y conociendo habitantes de otras islas que en un principio son forasteros y después se convierten en imprescindibles. Se vuelven tus hermanos aunque haya un océano de por medio, literalmente. Como ocurrió con mis hermanos los Morros. Te lo cuento.

Yo tendría unos dieciséis años y sonó el teléfono de la casa. Contesté y del otro lado escuché una voz con un acento como español; bueno, más bien, como después lo entendí, catalán: «Hola, soy Andrés Morros, de la Federación Española de Esquí, busco al señor Jorge Font». Como mi papá en ese momento no estaba en casa, pues tomé el recado. Resulta que Andrés había competido en algún torneo de esquí con mi papá, hacía ya varios años, y andaba por México. Como Andrés tenía un doctorado en amistades y creación de vínculos, el sábado siguiente estaba en el lago de El Rodeo en un torneo de esquí con nosotros. Hasta de juez hizo en uno de esos torneos típicos de poca infraestructura, donde ni se encontraba una sombra; era un lago tipo charco grande, bastante rupestre. Después hubo comida, fiesta y parecía que Andrés fuera amigo de cada fin de semana de los presentes. La partida de Andrés se cerró con una invitación a Barcelona a conocer a su familia, la cual, como digna habitante de una isla, era de tres hijos esquiadores.

La oportunidad de tomarle la palabra a nuestro amigo catalán se presentó cuando Sergio quedó seleccionado en el equipo juvenil para la copa mundial a celebrarse en Milán, Italia. Organizamos nuestro viaje para estar en la casa que tenían los Morros en la Costa Brava. Mis papás se quedaron en esa casa, con vista espectacular al Mediterráneo, y nosotros nos alojamos en una casa móvil, en un campamento con nuestros recién conocidos amigos: Andrea, David e Iván. El campamento estaba juntito a la escuela de esquí donde entrenaban los Morros: el Estadi Màgic. Nos hicimos amigos de inmediato y estuvo divertidísimo estar con un grupo de chavos españoles, catalanes y de otros países europeos. Después viajamos a Italia. Iván y David también compitieron y, con ese viaje adicional que hicimos juntos, nuestra amistad saltó varios niveles más.

Al año siguiente, todo el equipo español viajó a México a entrenar en el lago donde, por unas semanas, practicamos en México. Yo hice de lanchero piloto y trabajé con muchas ganas y muy divertido. De esta visita, hicimos todo un *happening*: hubo mariachis, regalos y toda la parafernalia de una fiesta mexicana. Y, claro, ya los hicimos hermanos mexicanos.

Un poco después fue mi accidente, con todo lo que te he platicado hasta ahora. Lo que para mí resultó sorprendente, incluso me sirvió como inspiración, fue el recibir cartas de personas de todos lados del mundo. Entre ellos, como ya te dije, con un doctorado en amistad y creación de vínculos, Andrés Morros hizo una etiqueta adhesiva de colores con una imagen mía haciendo un salto mortal con mi esquí que decía «Amigo de Jorge Font». Estas estampas se vendían a través de las federaciones de esquí acuático de todo el mundo para recaudar dinero para mi rehabilitación. Las tribus de muchas islas de diferentes océanos se ponían de acuerdo para rescatar a un náufrago de México. Recibí ayuda de muchos lugares: Australia, Europa, Norte y Sudamérica. Hasta el rey Hussein de Jordania, quien era el presidente de la Federación Jordana de Esquí, envió dinero y me mandó un mensaje.

No mucho tiempo después, al terminar de esquiar, en su isla, rodeado de su familia, Andrés se despidió de esta vida. Además de su alegre recuerdo, su mejor legado es la amistad, la hermandad con sus hijos. Tengo tres hermanos catalanes que han venido a México y han vivido en nuestras casas, casi una vez por año, desde hace más de veinte años. Y yo tengo casa en Barcelona, la cual he visitado en varias ocasiones con la sensación, al abrir la puerta, de que nunca me he ido de ahí. Marisa, mi madre catalana, es una generosa anfitriona que mantiene siempre el calor de la amistad que la chispa de Andrés detonó y que Andrea, David e Iván enriquecen en cada encuentro con su genial y único sentido del humor.

Como ves, además del esquí, el lenguaje común y universal de las islas es la risa, que sirve de pasaporte y que hace que amigos del mundo se conviertan en tus hermanos. El deporte ha sido para mí un consulado para tener nacionalidad múltiple; para construir y ampliar la familia y ser rescatado de algunos naufragios.

Dimensión espiritual

Tengo un amigazo que se llama Pablo Garza. Es un cuate divertido, ingenioso y cariñoso. Cuando le tocaba hacer su confirmación en la fe, me eligió como su padrino. Yo, por supuesto, me sentí agradecido porque, más que por un practicante muy ortodoxo, seguro que me escogió por celebrar la amistad y por tener más pretextos de encuentro y cotorreo. Para agradecerle su buena onda y sabia decisión (¿tú crees que haya sido muy sabia?), le escribí una carta que, con su autorización, te comparto, porque el Pablito me ayudó a clarificar la dimensión espiritual que tiene el esquí para mí. Con algunos ajustes, más o menos decía así:

Tú me conoces mucho y sabrás que no soy un gran teólogo. Es más, los mochos, esos que se la viven con cara de agrura en la iglesia, me dan una flojera infinita. No sé qué opines tú, pero creo que a los mochos, como su nombre lo dice, les falta un cacho. Según yo, les falta el cacho más importante: la vida, la pasión, el entusiasmo, es decir, llevar a Dios dentro en lo que uno hace. Tú me ayudas a recordarme, cuando me pongo demasiado solemne y racional, a sentir. ¿Te acuerdas cómo le dice Zorba a su jefe?: «Maldita sea, jefe, me agrada demasiado como para no decirlo: usted lo tiene todo, excepto una cosa: ¡LOCURA! Un hombre necesita un poco de locura, si no...

– ¿Si no, qué?

– ... nunca se atreve a cortar la cuerda y SER LIBRE...».

Me imagino que, como scout, tú encuentras al Jefe (no al de Zorba, sino al mero Jefe) y te sientes vivo y pleno, no únicamente en la iglesia, sino en el bosque, en la caminata y sobre todo, en la mirada de la banda, de la tribu, de los cuates.

Yo lo encuentro esquiando. Esquiar es un asunto profundamente espiritual. Te voy a tratar de explicar cómo lo vivo, cómo lo siento, cómo lo pienso y cómo hay también el misterio de lo que no puedo explicar muy bien.

Primero, me tengo que salir de mi silla de ruedas y dejarla en el muelle. Esto es muy simbólico. Por una parte, se aclara de mejor manera mi identidad, mi ser único e irrepetible; me quito lo accesorio y quedo solo con lo sustantivo. Yo no soy mi silla de ruedas, no soy un centauro neumático, soy Yo, soy Jorge. ¿Cuántas otras cosas sentiré que me dan identidad y que si las pierdo dejo de ser yo?

Por otra parte, en el muelle de salida uno deja lo que no sirve para esquiar. Mi silla de ruedas es amiga, ayuda, compañía, posibilidades, diversión… pero es totalmente inútil en el agua. ¿Cuántos muelles de salida tendré todos los días en los que tenga que dejar atrás miedos, temores, prejuicios, muletas, codependencias, para tirarme al río de la vida a hacer lo que vale la pena?

Después te bautizas en el agüita donde flotas. Ésta te abraza, te sostiene, te quita peso y hasta te limpia. Es como si te perdonara el peso de tus errores y, de pasada, te puedes ahorrar una bañada.

Para esquiar necesitas cuates, secuaces, banda, tribu, cómplices, montón. Alguien te tiene que arrastrar, así es también la vida: no te puedes arrastrar a ti mismo. Hasta para nacer, estoy seguro de que alguien te dio un tironcito.

Hay que dejarse llevar por una fuerza superior que te levanta y en la que pones tu confianza, le das crédito, crees en ella. Tú sólo tienes que poner un pequeño esfuerzo de tu parte y te descubres arriba del agua, sintiendo lo fresco del viento, la emoción de la velocidad, el pulso que se acelera. En ocasiones místicas, la noción del tiempo se pierde, te sientes en paz a pesar de estar acelerado, casi vives como en cámara lenta, tu concentración es absoluta, no te distraes con cosas del entorno, los problemas se te olvidan, te sientes fluir. O sea, te sientes vivo.

Claro, para esto uno necesita que alguien te lance la cuerda y lo más importante: que tú decidas tomarla.

Por eso te quiero regalar esta cuerda (a Pablo Garza le regalé una cuerda de esquí, como un regalo simbólico de nuestra teología del esquí y de la vida). Hoy que confirmas tu decisión. Felicidades por confirmar tus ganas de recibir la cuerda de tus amigos, agarrarte a ella, dejarte llevar por la fuerza del amor y sobre todo por vivir y compartir.

Por invitarme a hacer olas y estelas contigo.

Gracias, gracias, gracias.

PD: No te preocupes si de pronto te caes. La lancha siempre regresa a por ti.

7. RECUPERAR:
El derecho de servir

Me considero una persona muy afortunada, tengo suerte como de tortuga en Cozumel. No sólo tengo trabajo sino que, además, me desempeño en asuntos que me gustan y donde me siento útil. Y por si esto no fuera suficiente, tengo el privilegio de laborar con amigos, personas a las que quiero, admiro y de las que aprendo permanentemente.

Lo que acabas de leer es cierto, aunque mi carrera profesional no ha sido tan lineal como parecería en esta pequeña introducción, tipo historia de vocación donde «desde la primera infancia escuchó una voz interior que le dictó su destino y supo de golpe lo que estaba llamado a ser en la vida». Creo que, más bien, si ves mi currículo profesional, parece una oda a la desorientación vocacional, un *collage* de actividades aparentemente inconexas.

Me acuerdo de la angustia que me generaba el tener que elegir una carrera y una universidad, durante el último año de la preparatoria. Sentía que en esa decisión me estaba rifando el futuro y, como siempre he sido intensito, ya comprenderás la preocupación por decidir la ocupación del resto de la vida. Enlisté un montón de posibilidades y después fui tachando las que de plano no quería. Por eliminación y por inspiración (y por la admiración a mi abuelo, que era médico) llegué a la decisión de estudiar Medicina. El cáncer de mi abuela creo que también jugaba una parte importante. El sueño, la utopía adolescente de poder encontrar una cura a esas maldiciones que te arrancan personas queridas, vestido de bata blanca, me resonaba en el corazón.

El examen de admisión para ser aceptado en la Universidad La Salle en la carrera de Medicina era un proceso de seis meses que se llamaba curso propedéutico. Me inscribí y empecé mis clases. Este curso estaba diseñado para estudiarlo mientras cursabas tu último año de preparatoria. Yo ya había terminado la «prepa», por lo cual aprovechaba el tiempo para esquiar. Coincidió la materia de anatomía con los entrenamientos para el Campeonato Mundial de Esquí de Londres. Como ya te platiqué, entrené muchísimo y además tenía la convicción de que sería mi primer y último campeonato porque, al entrar a una carrera tan demandante como la de Medicina, ya no tendría tiempo para esquiar. Esta idea me presionaba mucho. Eso de ser perfeccionista y querer destacar en todo no es funcional y genera enorme ansiedad. Esta tensión llegó hasta la crisis una tarde cuando estábamos en Tequesquitengo. Ya habíamos esquiado y estaba estudiando para un examen de anatomía. Según yo, tenía que aprenderme todos los músculos del cuerpo de un día para otro. Claro que no era así, pero ya ves mis obsesiones. Mi papá me vio tan agobiado que me dijo: «Mira, no puedes seguir así. Estás tratando de hacer dos cosas muy importantes a la vez y no pareces estar disfrutando ninguna. Tienes la posibilidad de ir al mundial a Londres y eso puede no repetirse. La Facultad de Medicina no se va a ir a ningún lado, ahí está. Te puede esperar y si ingresas seis meses después, no pasa nada. Entrena, disfruta esta oportunidad, ve al torneo, quédate un tiempo en Europa a esquiar y pensar en lo que quieres hacer. Ya después regresas y te reincorporas a la universidad».

Después de esta conversación me di de baja del curso y me reinscribí después del torneo. Creo que otra cosa muy importante que me dijo mi papá y que me ayudó a mirar las situaciones con perspectiva –como lo ha hecho muchas veces– fue cuando me explicó que la decisión de estudiar una carrera no era un asunto tan definitivo como a veces se planteaba. «Si después de un año, o en cualquier momento de la carrera, tú decides que no es lo que te está llenando, te cambias de facultad y no pasa nada. No es cierto que perdiste el tiempo. Ganaste un año, o lo que haya sido, de haber estudiado algo. Siempre se puede ganar en experiencia.»

Y, finalmente, fue un poco así porque me caí. Ya ves, qué paradoja: ¡tanto planear y angustiarse para que los escenarios cambien! Claro que podía haber seguido estudiando Medicina, pero me sentía superconfundido, preocupado y asustado. Por una parte, pensaba que la rehabilitación era un asunto de tiempo completo, que necesitaba poner todo mi esfuerzo y mi tiempo para enfrentar el reto físico. Por otro lado, suponía que la carrera de Medicina era de turno completo y no quería tener una vida de doble turno y tampoco sentía la fuerza para poder enfrentar a veces ni uno de los dos retos. Con reconstruir mi vida básica, era suficiente. Por todo eso, decidí abandonar la Medicina.

El escenario de convertirme en un «sofá hablador», un inútil y una carga para quienes me rodeaban me empezó a preocupar mucho una vez que pude resolver algunos asuntos básicos de la rehabilitación. Conocí a unos amigos que estudiaban en el Tecnológico de Monterrey, Campus Cuernavaca y los acompañé un día a la escuela. Hablamos con el director de la carrera de Administración, que era lo que estudiaban, y le pedimos autorización para que yo pudiera asistir como oyente a algunas clases y así volver a tomar el ritmo de lo que significaba ser estudiante. Aceptó, cursé un semestre de oyente y después hice mis exámenes para ingresar como un alumno regular. Así fue como entré en la carrera de Administración de Empresas, más como una salida al problema de quedarme sin estudios que como una respuesta vocacional. Sí, el miedo a quedarme en el limbo de la indefinición profesional suponía un fuerte motivador para iniciar una licenciatura.

Pues, aunque empecé confundido y no muy convencido, terminé la carrera. Y, como parte de mi servicio social, antes de graduarme trabajé en un centro de rehabilitación integral. Se llamaba Quinta Hagedoorn y estaba dirigido por un doctor holandés con ese apellido. Aprendí muchísimo de la administración de un centro de salud pero, sobre todo, de rehabilitación. Me di cuenta de que lo que yo había resuelto de manera bastante empírica en mi casa –por cierto, muy bien resuelto– se podía hacer de una forma mucho más sistemática y acompañada por diversos profesionales. Como tenía un convenio con unos centros de rehabilitación en Estados Unidos, tuve la oportunidad de viajar para conocer la operación de estos lugares.

Después de graduarme, decidí que no quería trabajar en nada que tuviera que ver con la discapacidad o la rehabilitación. Yo quería demostrarle al mundo que podía trabajar en lo que yo decidiera, de igual a igual como cualquiera. Claro, en realidad más que demostrarle al mundo, a quien le da un poco igual lo que uno haga o deje de hacer, necesitaba demostrármelo a mí mismo. Saberme capaz de enfrentar un primer trabajo pisando los terrenos de la capacidad y la competencia. Mi primer trabajo plenamente profesional fue como analista de mercado de dinero en un grupo financiero.

Seguí el proceso regular para ingresar y me resultó interesante, a veces divertido y a veces molesto, descubrir que yo no resultaba muy estándar en este proceso. Por ejemplo, entre los estudios médicos que te hacían, te pedían una radiografía de tórax. El aparato estaba diseñado para tomar las placas estando de pie. La manera que al técnico radiólogo se le ocurrió para resolver el problema en mi caso, fue cargarme y sentarme en un banco muy alto, de esos como de laboratorio. Pero como no tengo equilibrio, alguien me tenía que sostener y, a la altura del banco aquel, se sentía vértigo. Después de circo, maroma y teatro, me sentaron allí y ya cuando me iban a tomar la placa de rayos X, el técnico se dio cuenta de que mi camisa tenía botones y que, por supuesto, saldrían en la radiografía como tumorcitos, redonditos, equidistantes y alineados. Yo lo quería matar, pero estando en el banquito, colgado del pescuezo de un asistente, sólo me quedó dejarme desabotonar la camisa pensando que en la graduación de la licenciatura no te explican todo lo que hay que hacer para conseguir un trabajo. Después tuve que firmar unos papeles donde renunciaba a unos seguros médicos, cosa que nunca entendí, y pasaron unos dos meses desde que me dijeron «Éste va a ser tu lugar» hasta que, efectivamente, lo ocupé. En verdad era un trabajo que no dependía, ni tenía relación, con mi discapacidad. La única adaptación era una rampa de madera que habían puesto para librar unos cinco escalones que comunicaban el piso financiero con el área de análisis. El asunto resultaba muy divertido porque si alguien que fuera caminando subía por la rampa, se pegaba en la cabeza porque la altura del techo estaba calculada para la escalera y no para la rampa. Estos elementos seguramente no favorecían mi integración laboral porque quedaba claro que la rampa era para uso exclusivo mío y, además, estoy seguro de que cada vez que alguien se golpeaba la cabeza subiendo por la rampa, me recordaba y no precisamente con mucho afecto.

Aprendí mucho en mi trabajo en el grupo financiero. Era como hacer una maestría práctica en finanzas y economía. Estuve como un año y medio en ese puesto, pero me di cuenta de que no era mi camino y de que, efectivamente, podía trabajar en lo que yo quisiera. Mi hermano se graduaba de ingeniero y me proponía que iniciáramos juntos un despacho de consultoría para pequeñas y medianas empresas en ingeniería industrial y servicio. Renuncié al banco en un momento en el que todo el mundo decía (otra vez lo del mundo) que, en la mitad de una crisis económica y una devaluación del peso contra el dólar como de 100 %, lo mejor era conservar tu trabajo. Pero, lo que en aquel momento yo quería saber, era lo que se sentía siendo un emprendedor independiente.

Nos fue bien porque éramos unos «resolvedores» baratos de problemas: ofrecíamos el que una pequeña organización tuviera un departamento de ingeniería que trabajaba con eficiencia por proyectos, sin que tuvieran que contratar a un ingeniero a tiempo completo. En este tiempo surgió también la posibilidad de iniciar con mi papá y con mi hermano una fábrica de palanquetas de cacahuete. Con el conocimiento y la experiencia que nos dio el cocinar unos prototipos en la cocina de la casa, iniciamos este proyecto. Viví el ensayo de ser emprendedor e industrial de una fábrica que mi hermano y mi papá han desarrollado con éxito.

El valor de las preguntas

En paralelo a los estudios y trabajos que te acabo de narrar, fui descubriendo, me fui tropezando con oportunidades que me ayudaron a reescribirme y a sentir que podía ser útil al compartir con otros mis experiencias. Me gustaría contarte cómo fue sucediendo y a qué me refiero.

Hay preguntas retóricas, hay preguntas cerradas, las hay de interrogatorio, de tipo científico, de confirmación de los prejuicios; también las hijas de la duda, las que buscan causas, las que persiguen culpables, las chismosas, preguntas de indagación y de búsqueda y hay interrogantes que se acaban convirtiendo en vehículos que nos llevan por caminos insospechados y un montón de otras categorías. Dice también José Saramago, uno de mis escritores favoritos, que no siempre uno tiene preguntas, sino que, más bien, hay momentos en que las preguntas lo tienen a uno. Es muy cierto. ¿Verdad que te ha pasado? Cuando al calor de la crisis se te derriten las certezas como el hielo perpetuo frente al cambio climático o como paleta helada en temazcal, se evaporan las seguridades y en el ambiente se respira una alta concentración de temor, confusión y duda. Entonces, con antifaz, y a veces con desfachatez, te asaltan las interrogaciones y te roban la seguridad. Yo me sentía secuestrado por una de ellas. Me tenía atrapado una tramposa, seductora, narcisista y sádica pregunta: «¿Por qué yo?».

Con toda sinceridad, en un principio lanzaba esta pregunta como misil, con una carga atómica de coraje a quien lo quisiera asumir como destinatario. Después, en un cambio de dirección, pero no de contenido, me la dirigía a mí mismo para intentar eliminar la culpa y la sensación de estupidez por un error de tan grandes consecuencias. Y ya, para colmo, ésta es además una de las preguntas que no tienen respuesta. Es una de esas preguntas sin respuesta que, sin embargo, sirven mucho. Son útiles y necesarias para hacer silencio, escucharte y descubrirte. No descubres LA RESPUESTA, pero en el viaje dejas exceso de equipaje hecho de estupideces, encuentras viajeros y algunos remansos para la contemplación y hasta para la gratitud. En eso andaba cuando, un día, llegaron unos amigos con un póster para un torneo de esquí a fin de juntar dinero para mi rehabilitación. Ese día escribí un intento de respuesta a la pregunta de «¿Por qué yo?». Se trata de una carta que fue lo primero que escribí después de mi accidente. Decía así:

¿Por qué yo?

La gente responde: se lo buscó, le tocaba, las cosas así pasan.

Pero la Gente Grande me ha enseñado a responder simplemente

GRACIAS

Porque estoy vivo,

Porque Dios a través de mí quiere demostrar algo,

Por un nuevo reto en la vida,

Porque todas las semillas que he tratado de sembrar han dado fruto.

Gracias, porque me doy cuenta del valor de una simple sonrisa.

Gracias, porque soy yo quien está así,

Soy privilegiado por estar rodeado sólo de amigos grandes y siento de ellos una fuerza que antes no había tenido tiempo de sentir.

Por un millón de cosas más, gracias.

Unos meses después de escribirla, nos enteramos de un congreso para jóvenes en Guadalajara. Lo organizaba un grupo que se llamaba Gente Nueva y la lista de conferencistas era muy interesante, incluso era probable que asistiera la Madre Teresa de Calcuta. Nos organizamos con un grupo de chavos para ir. Éste era uno de los primeros viajes que hacía en avión y para mí era todo un acontecimiento. Mi tía Tayde mandó mi carta de «¿Por qué yo?» a la organización, como parte de los documentos para el registro.

En una de las reuniones que teníamos para organizar el viaje, me llamó por teléfono un cuate que se escuchaba muy formal. Me dijo que había leído mi carta, que sabía por mi tía lo que había vivido y me preguntó si me gustaría participar en una mesa redonda en el congreso. Sin mucho averiguar, le dije que sí, porque eso de la mesa redonda me sonaba a que después de una conferencia te juntabas en una mesa redonda con un grupo de jóvenes e intercambiabas impresiones sobre lo escuchado. Quedamos en que cuando llegara al registro, en la entrada al congreso, preguntara por él.

En la entrada para el registro había miles de personas. Hice la fila para recoger mi acreditación y pregunté por el nombre que me había dado el cuate de la llamada. Me dijeron que como la Madre Teresa no iba a poder asistir al congreso, pues que este joven se había ido a Calcuta a grabar un mensaje que se presentaría en vídeo. Así que entré al evento a escuchar las conferencias y a vivir aquella reunión con hordas de jóvenes. Al cabo de un rato apareció mi mamá con un suéter en la mano, acompañada de unos edecanes muy trajeados. Me explicó que el suéter era para mí porque en un rato me tocaba exponer en la mesa redonda.

¡Oh sorpresa! La mesa redonda no era lo que yo pensaba, consistía en un panel de cuatro o cinco expositores –una de ellas era Miss Universo– y, por tanto, significaba hablar enfrente de cinco o seis mil jóvenes. Me invitaron a una junta con los demás panelistas y el moderador. Por supuesto tenía unos nervios espantosos, pero tuve mucha suerte. Primero porque el horario de las conferencias se atrasó mucho y se pasó la mesa redonda al día siguiente. Con este ajuste gané tiempo y una noche de insomnio para pensar qué iba a decir. La otra gran ayuda me la dio Victor Frankl porque le tocó dar la última conferencia del primer día del congreso. Al no asistir físicamente la Madre Teresa, él resultaba tal vez el expositor de mayor renombre del evento. El asunto es que el doctor Frankl, adicionalmente a su experiencia en los campos de concentración y para ilustrar su teoría de la Logoterapia, habló de un joven que se llamaba Jerry Long. Según explicó, en un accidente este muchacho había adquirido una lesión medular y, dentro de esta tragedia, había podido no únicamente retomar su vida, sino además encontrar un sentido a lo que le ocurrió. Lo que decía Jerry Long era que «me rompí el cuello, pero no me rompí yo». Así, al día siguiente, lo único que yo tenía que decir era algo así como: «¿Le pusieron atención al doctor Frankl? ¿Se acuerdan del muchacho del que habló? Pues yo soy como ése, nada más que en lugar de llamarme Jerry me llamo Jorge y en lugar de ser alemán soy mexicano».

No me acuerdo qué dije; hablé muy poquito en el formato del panel. Sí me acuerdo de la multitud que miraba y escuchaba. Únicamente se distinguían los rostros de las personas de las primeras cinco filas y después sólo se veía un mar negro con el oleaje que dibujaban las cabezas de los asistentes. Cuando terminé me aplaudieron mucho y, por una parte, me sorprendí muchísimo de la reacción de la gente y por otra, me sentía muy agradecido con Victor Frankl, no solamente por atraer a la audiencia de Gente Nueva sino, además, porque con sus libros y con la experiencia de haber sido escuchado en una conferencia, me sentí útil. Sin mucha conciencia de lo que me estaba pasando, creo que me fui transformando con la ayuda de Victor Frankl, de mi familia que me acompañaba, de mis amigos, de las personas que organizaron el congreso y, por supuesto, de los que me escucharon y me aplaudieron. Una transformación logoterapéutica donde el «¿Por qué yo?», útil como vehículo de viaje interior e inspiración, se transfiguraba en un «¿Para qué yo?», más útil para los demás y que me ayudaba en la alquimia de convertir las páginas negras del libro de mi vida en colores de sentido para compartir con otros.

Cuando acabó la mesa redonda, nos bajaron por atrás del estrado y recuerdo que había mucha gente. Mis papás y Sergio estaban emocionados: y creo que orgullosos. Mi hermano seguro que descansó de la enorme angustia de pensar: «¿Qué va a decir éste enfrente de tanta gente?». Pero el asunto y las sorpresas continuaban. «Acompáñenos a la conferencia de prensa.» Y yo pensé: «Ahora sí, eso suena a interrogatorio o examen oral, pero yo ya dije lo que tenía que decir. ¿Qué me podrán preguntar?». Sin embargo, más interesante resultó el que un hombre con lentes, de cejas muy pobladas, bajito y un acento superespañol, me acompañara desde que me bajé del estrado, se viniera caminando junto a mí y en la conferencia de prensa se sentara en la silla de mi lado. Me hizo una gran cantidad de preguntas de las cuales sólo me acuerdo que tenían que ver con «¿Qué pasa cuando pierdes las certezas? ¿Cómo te vuelves a reconstruir? ¿Qué ideas te sirven de asidero en la incertidumbre?». Me cayó muy bien en ese pequeño encuentro; parecía un maestro universitario muy cálido quien con su interés te hace sentir importante y te obliga a pensar. ¿O no es cierto que cuando alguien te pone realmente atención, te obliga cariñosamente a pensar con mucho cuidado lo que vas a decir? En fin, terminó la conferencia de prensa y la siguiente ocasión donde vi a este hombre fue cuando lo presentaban para que diera su conferencia. Le dije a mi mamá: «Mira, ma, ese señor es mi amigo. Es el que te dije que me preguntó un montón de cosas». Cuando dijeron su nombre y su *curriculum*, me quedé impresionado. ¡Se trataba de Julián Marías, uno de los filósofos españoles más destacados, discípulo de Ortega y Gasset! Oye, pues a mí ese señorón me entrevistó y, como todo gran maestro, me dejó con muy buenas preguntas como tarea para poder vivir mejor.

Después del congreso me empezaron a llegar algunas invitaciones para dar alguna charla en escuelas y universidades. Yo, por supuesto, aceptaba todas. Me sentía halagado de ser invitado y sentía que servía para algo. También me resultaba divertido pensar que alguien pudiera ser invitado a hablar, no de una nueva teoría o un nuevo descubrimiento, no por la empresa o logro que había desarrollado, sino a narrar su experiencia y algunos aprendizajes que estuviera intuyendo de ella. Pero para mí, sólo se trataba de mi vida. No fue hasta mucho tiempo después que un gran amigo, Javier Millán, un alto ejecutivo de una gran empresa mexicana, me dijo: «Jorge, a ti no te invitamos a compartir por "el hacer", tu valor es recordarnos lo importante de "ser".

He de reconocer que yo no sé qué tanto le sirva a otros lo que yo diga, lo que sí me queda claro es que el primer beneficiado soy yo. Hablar en público me obliga a reflexionar, a sentir y tratar de ponerle palabras a los sentimientos; y a recordar, que no es sólo volver a pasar las mismas imágenes como quien está en la misma película en permanencia voluntaria; rumiante existencial de las penas o las glorias que mastica los mismos asuntos en un rutinario movimiento que no lo transforma ni lo nutre con nada nuevo. Recordar, por eso, no es únicamente rememorar, más bien proviene del latín *recordare*, que, como decía Ortega y Gasset, es la posibilidad de que ascienda a flor de alma todo ese pasado nuestro y se ponga de nuevo a resonar al volverlo a pasar por el estuario de nuestro corazón. Ése es uno de los regalos de compartir, de dialogar. Con los retazos de los recuerdos y la posibilidad de releerlos desde el sentido del servicio, yo escribía una nueva narrativa de mi experiencia. La historia era la misma, pero desde los ojos de las personas que me escuchaban yo me podía mirar desde otra perspectiva. El diálogo, como el agua que fluye entre dos riberas, se oxigena y se llena de vida. Tengo una enorme suerte de poder seguir trabajando como conferenciante y facilitador de talleres de desarrollo humano porque las personas que conozco en esos espacios me iluminan, con el destello de sus preguntas, esas facetas, matices, dimensiones, aspectos y caras de la existencia que están en mis puntos ciegos. Las preguntas que te lanzan en una plática o en un curso muchas veces son como los flashazos de una cámara que te ilumina súbitamente un territorio al que después tendrás que regresar para explorar. En otras ocasiones son como relámpagos nocturnos que te sacan tu zona de confort y te despabilan de la somnolencia de la rutina.

He tenido invitaciones muy variadas para dar conferencias. Disfruto mucho ir a escuelas y universidades con niños y jóvenes, son públicos generosos y sinceros. Son congruentes, si tú también lo eres. Si hablas con verdad y les caes bien, te regalan su atención plena; si no abres tu corazón o evades te mandan por un tubo. También me gusta mucho el público cautivo, literalmente hablando, de las cárceles. Ahí he conocido personas que en la reclusión están buscando y creciendo. Otros ya se han abandonado al sinsentido. Es una experiencia muy dura y no me considero nadie para juzgar a quienes están allí y las respuestas que dan a su condición de reclusos. Pero me ha servido para pensar que, si uno cree en lo que dice, hay que ir a probarlo en los polos de la existencia, donde de verdad se descubre lo importante. La cárcel es una buena prueba del valor de las ideas y los aprendizajes. Cuesta trabajo concentrarse y ponerse a tono con las emociones en grupos donde las normas de convivencia mínima parecen haber desaparecido: gritos, silbidos, empujones se dan a veces durante la charla. Pero cuando se escucha el silencio de la atención y la empatía, siento una magia y pienso que vale la pena estar vivo para servir y provocar instantes de paz en vidas atribuladas.

También disfruto mucho la libertad, no sólo de expresión, sino también de movilidad. He viajado a dar conferencias a Estados Unidos, la mayoría de las veces para públicos migrantes o trabajadores mexicanos en el extranjero. Gracias a mi trabajo de consultor y conferenciante conozco algunos países de Centroamérica.

Igual que el esquí que inicia en una isla y te lleva al mundo, así también las preguntas y las palabras. Los interrogantes son un pasaporte paradójico porque resulta que, cuanto más íntimos y personales, a veces resultan los más universales. Tal vez las respuestas son diferentes, únicas e irrepetibles como cada persona; incluso el contexto de cada pregunta también puede ser muy particular. En ocasiones puede ser una situación inesperada, a veces es una persona que conocemos, en otros casos es un accidente, un incidente, un viaje, el fracaso o el alto súbito por cualquier razón que nos invite a reflexionar. Son esos momentos en que la marea cotidiana de la vida se aleja de la tranquila playa, la oscuridad ahuyenta a las aves oportunistas que sólo se acercan a los momentos luminosos y la bajamar saca a la superficie los arrecifes más coloridos y llenos de vida. De entre lo accesorio de la marejada, buscamos lo esencial, lo verdaderamente relevante, el tesoro de nuestros muy humanos naufragios o expediciones. Con la convocatoria de esa pregunta —que creo que todos nos hemos planteado en algún momento, generalmente en la intimidad de nuestra conciencia—, «¿Qué es lo que de verdad importa?», llegué a España. Me invitó generosamente una fundación que lleva ese nombre, se llama Lo Que de Verdad Importa y desde hace varios años organiza congresos para promover la reflexión sobre los valores entre los jóvenes. Tiene presencia en once ciudades españolas y con el trabajo constante y el entusiasmo ha logrado generar una fraternidad, un gremio, una congregación de preguntones. En esos espacios, los ponentes exponen su experiencia de vida y sirven como provocadores para que los jóvenes que escuchan e interactúan con ellos se pregunten en su propia vida qué es lo que de verdad les importa. Claro, los testimonios de los expositores te interpelan y te confrontan por la fuerza de su congruencia y de la manera en que cada uno se ha preguntado, o se ha dejado preguntar por la vida. Entre las respuestas que he escuchado están:

La lucha pacífica contra la pobreza de Jaume Sanllorente, un joven periodista catalán que se dejó tocar por la profunda desigualdad y la pobreza de Bombay. De un viaje a este remoto lugar del mundo y los cuestionamientos que le surgieron y le cambiaron la vida, Jaume respondió con la Fundación Sonrisas de Bombay. Y yo, desde que leí su libro, pensé: «Quiero ser amigo de este pelado, loco útil que va por la India y por el mundo creando mejores futuros con la divisa de la sonrisa».

Otro Quijote postmoderno es Paco Moreno, un exitosísimo abogado madrileño que con la gradual experiencia del voluntariado y la persistente inspiración de las Misioneras de la Caridad, decide dejar su vida de abogado corporativo con oficina y corbata y ahora vive en Afar, Etiopía, construyendo escuelas, hospitales y pozos de agua a 45ºC en medio del desierto. La complejidad de estos retos contrasta aún más con la sencillez y prudencia de mi amigo Paco, fundador de la Fundación Los Amigos de Silva.

La explosiva alegría y personalidad de Irene Villa, esa niña de España, hoy una mujer plena, que en un atentado terrorista perdió las dos piernas. Ante la detonación de una bomba que busca el terror, Irene responde siendo periodista, psicóloga, comunicadora, campeona de esquí en nieve, conferenciante y, sobre todo, con una sonrisa y una vitalidad de ondas expansivas que contagia de ganas de vivir. Claro que además está casada con Juan Pablo, un argentino divertido y sensible.

Un título de la Facultad de Ciencias de la Educación de Málaga, otorgado a Pablo Pineda. Hay maestros que enseñan; otros, como Pablo, transforman, educan, inspiran y convocan a la superación. Yo quisiera ser considerado un discípulo de Pablo Pineda, el primer estudiante con síndrome de Down en obtener un título universitario en Europa.

Grande y fuerte como una piedra pero vivo y sensible como un gorrión es Pedro García Aguado. Ya tener un amigo campeón mundial y olímpico de waterpolo es para presumir, pero poder estrechar la mano y recibir el abrazo de un gigante que se ha podido levantar del mundo asfixiante de las drogas, es para llevarlo en el alma. Si lo conocieras, perfecto te lo imaginas: con su enorme tamaño y fuerza saltando fuera del agua de sus problemas y adicciones para meter goles de esperanza y entusiasmo en los corazones de miles de jóvenes que se han beneficiado de su testimonio.

Hay quienes huyen de su pasado. El olvido es perfectamente entendible y justificable cuando el horror se vuelve nuestro secuestrador y parece que con cada recuerdo nos quiere seguir cobrando el rescate años después de la liberación. Bernard Offen es diferente. Durante la Segunda Guerra Mundial estuvo como prisionero en cinco campos de concentración. Escucharlo es una caminata de la vida que te sirve para entender cómo se transita de ser una víctima a ser un superviviente; es decir, alguien que puede ponerse por arriba de las circunstancias adversas de la vida. Bernard ha decidido que para curarse lo que sirve es enfrentar el pasado de frente. Mirar los monstruos a los ojos para quitarles el poder y silenciarlos. Por eso, una parte de su tiempo lo dedica a guiar grupos de personas en el campo de Auschwitz. Yo creo que así ha limpiado su alma y su mirada, con esos ojos de un azul único que transmiten paz.

Mar afuera es la carcajada acompañada de María del Mar García, una joven con una enfermedad degenerativa que ha paralizado progresivamente su cuerpo. Solamente puede mover los músculos de la cara y el cuello; estudia Periodismo. Cuando habla frente a miles de jóvenes, lo hace suavecito como un susurro y con su voz y su testimonio se provoca un silencio que conmueve. Mar no se mueve, pero mueve a otros, tiene una familia y unos amigos que le permiten salir y enseñarle al mundo cómo Mar puede vivir, como el título de su reportaje *Mar Afuera*.

Entonces, ya ves, ser consultor y conferenciante me ha vuelto viajero, preguntón, indagador y chismoso. El Sabina diría que me ha permitido «vivir otras vidas y colarme en el traje y la piel de todos los hombres (o mujeres) que nunca seré», pero que a sus ideales y utopías aspiraré. De manera más académica esto se conoce como «curiosidad intelectual» y era una de las tres razones que me habían impulsado a elegir la carrera de médico. No pertenezco a ninguna academia de medicina, pero los proyectos, talleres y conferencias me mantienen estudiando y aprendiendo.

Ser maestro para ser mejor alumno

Una de las mejores y más retadoras actividades para aprender es enseñar. Ser maestro es ser un aprendiz permanente. No solamente tienes que indagar sobre los temas que compartirás en el aula, es importante además entender cómo aprenden los alumnos, cómo puedes crear un ambiente nutritivo de estímulos e interés, la edad, las necesidades, los conocimientos previos y un montón de etcéteras. Como ya sabes que soy un doctor frustrado, me gusta pensar que lo que hago como maestro es andar con mi estetoscopio para escuchar el corazón de los alumnos y ayudarlos a que ellos también lo escuchen y vivan al ritmo que les marca. Servirles de auxiliar de diagnóstico para que vayan identificando aquellos aspectos, disciplinas, preguntas o actividades que les aceleran el pulso. Dicho en términos coloquiales, que puedan responder a las preguntas: «¿Qué les late? ¿Qué les apasiona? ¿Dónde sienten que pueden ser útiles? ¿Qué les está preguntando la vida?». Pienso que la materia de orientación vocacional se podría enriquecer haciéndola literalmente más cordial. No iría mal un poco de orientación pasional. Sería divertido ponerle un electrocardiógrafo a los alumnos para evaluar la vitalidad que como maestros logramos comunicar. He dado clases donde seguramente el electrocardiograma resultante sería una línea recta perfectamente horizontal. Evidencia inequívoca para ser acusado de homicidio por la muerte de la capacidad de asombro, del descubrimiento, del aprendizaje y del tiempo de un grupo de infelices. Claro, como no se puede tener siempre un electrocardiógrafo a mano, es útil estar atento a los signos clínicos. Una evidencia inequívoca es cuando algún alumno pone ojos con mirada de oso de peluche. En ese momento ya perdimos a ese pupilo, está en coma pedagógico y requiere RCP (Resucitación Cardio Pedagógica).

Ser verdaderamente significativo como maestro no es nada sencillo porque, como dice Ana María González Garza —una gran maestra que tuve cuando estudié la maestría «Ser maestro es ser uno mismo»—, para escuchar y conocer el corazón de nuestros alumnos es primordial e indispensable escuchar el propio. En ese curso riguroso de autoconocimiento y confrontación personal me inscribí y participé durante diez años como director del Colegio Olinca en Cuernavaca e intenté ser el mejor alumno de mis alumnos, de mis maestros y del resto de la comunidad educativa. Por ejemplo, mi profe Iñaki, maestrazo de letras españolas, me enseñó que «las materias y disciplinas académicas no son el texto, son el pretexto. El verdadero texto es el corazón de los alumnos, es ahí donde se escribe lo indeleble, lo trascendente». Esta manera de escribir no es unilateral, más bien se parece a ese cuadro de Escher donde dos manos con una plumilla cada una se dibujan la una a la otra. Ninguno de nosotros es un Robinson Crusoe que vive solo en una isla, ni tampoco ser maestro es estar subido a un pedestal para ser admirado o protegido por una armadura de conocimiento, más bien todos vamos por la vida pintando y escribiendo en la vida de otros y dejando que los otros hagan lo propio en la nuestra. Es en el encuentro donde se enciende la chispa del conocimiento y no únicamente desde la asimetría excluyente de la sabiduría contra la ignorancia. Por supuesto que un maestro debe tener algo que ofrecer a sus alumnos, ya reconocimos todo lo que hay que hacer: reflexionar, preparar y trabajar. Sin embargo, cuando solamente se ve esta cara de la moneda, y se entiende al maestro o a la escuela únicamente como un emisor de información, nos construimos un paradigma de la institución educativa como una fábrica troqueladora de personas con una línea de producción con etapas muy claras y definidas. Las etapas se llaman 1º de primaria,

2º de primaria, 3º de primaria, etc. Los profesores son supervisores de fabricación que estudian en la normal. Es decir, su objetivo es «normalizar», llevar a la norma, a la uniformidad a los niños. En mi experiencia, cuanto más tiempo he trabajado en la educación, más difícil me resulta encontrar al alumno promedio o normal y mucho menos encontrar al que crece exactamente por ciclo escolar.

También resulta divertido ver cómo se cotizan las escuelas en el mercado de valores. No me refiero a su propiedad o valor accionario, sino a cómo –cada vez más en la mercadotecnia– las escuelas se presentan como proveedoras de valores. Me imagino como si tuvieran una enorme bodega donde los valores se van añejando en barricas y después, en las aulas, en ceremonia solemne, se descorchan y se van aplicando en dosis progresivas a los pasivos recipientes, en las mal llamadas mentes de estos párvulos indecentes. Se propone inculcar valores cuando la etimología de «inculcar», refiere a introducir algo golpeándolo fuertemente con el talón, con el hueso calcáneo. Es una imagen linda, ¿no te parece? Meterles los valores a nuestros niños a pisotones. Tú comprenderás que tal vez por mi condición física y tener una parálisis permanente de los miembros inferiores, esta técnica didáctica de la axiológica inculcadora se me ha complicado un poco. He ido descubriendo, dolorosamente y con la difícil humildad de reconocer que no siempre logro llevarlo a la práctica, que la mayor fortaleza de la ética es su fragilidad. La ética es una invitación, una provocación, una pregunta que se nos lanza. La aparente fragilidad está en el hecho de que no se puede obligar a alguien a ser ético. Si se obliga, ya es otra cosa, coerción, legalidad, fuerza o imposición, pero no es ética porque no estamos respetando el fundamento de ésta, que es la libertad, el libre albedrío para decidir y responder; es decir, hacerse responsable frente a esa invitación, provocación o pregunta. La ética es paradójica como el amor, si lo forzamos lo pervertimos, podemos declarar nuestro cariño, nuestra decisión de ser amables y actuar en consecuencia, pero hasta ahí; no podemos meternos en el corazón del otro y tomar el mando de sus decisiones y apuntar el timón hacia nosotros para que nos ame. Javier Sicilia lo describe contundentemente en su novela *El Reflejo de lo Oscuro* cuando en los labios del abogado Baudet expresa: «¿Sabe lo que es más difícil del amor? Respetar la libertad del otro y sufrir por su causa. Para hacerlo se necesita una suprema perfección, una perfección que el hombre apenas puede imaginar». La búsqueda de esa perfección es la invitación hermosamente difícil que se hace a quienes quieren ser maestros. Es aceptar el reto de reconocer que decidir la forma de comunicar los valores, ya es decidir y mostrar una orientación axiológica. Ser maestro así es tomarle la palabra a Gandhi cuando afirma que «el fin está en los medios, como el árbol en la semilla».

Yo agradezco —cada vez con mayor conciencia— a esos maestros que en lugar de inculcarme, de apisonarme las virtudes encima, o de estar demasiado preocupados por cubrir el programa académico o formativo, se han dispuesto a acompañarme, a pisar junto a mí el camino para descubrir lo valioso e inspirarme en la búsqueda. Una búsqueda que no termina y que por eso hace interesante la vida, le inyectan vitalidad. A mí por eso me gusta mucho estar cerca de adolescentes. Te comparto por qué.

Las adolescencias que enseñan

En mi experiencia como maestro, la adolescencia parece ser una etapa especialmente intensa de búsqueda. La pregunta por «¿quién soy yo?» ocupa la mente de los jóvenes y la búsqueda de identidad en ese espacio de nuestra vida resulta en muchos aspectos confrontante.

> A todos, en algún momento, se nos ha revelado nuestra existencia como algo particular, intransferible y precioso. Casi siempre esta revelación se sitúa en la adolescencia. El descubrimiento de nosotros mismos se manifiesta como un sabernos solos; entre el mundo y nosotros se abre una impalpable, transparente muralla: la de nuestra conciencia. Es cierto que apenas nacemos nos sentimos solos; pero niños y adultos pueden trascender su soledad y olvidarse de sí mismos a través de juego o trabajo. (Octavio Paz, 1993)

Esta conciencia interrogante a veces se manifiesta de maneras incómodas para los adultos. Este alto para asomarse en el río de la conciencia, como un Narciso que en el reflejo de sus circunstancias busca su identidad, puede producir vértigo. Esto me parece que explica en parte el porqué –cuando escuchamos las opiniones sobre un maestro de secundaria o preparatoria– hay frases como: «admiro su paciencia», «no le quedó de otra, no encontró otra chamba», «lidiar con esos monstruos de verdad requiere de vocación». Enfrentar, confrontar o acompañar a quien va descubriendo su río, efectivamente, requiere vocación y valor. En la adolescencia, además, alrededor del río de la conciencia, el mundo parece una selva exuberante que seduce, atemoriza, da vida, mata, nos abraza como la madre tierra y, a la vez, nos hace sentirnos solos. La mirada de un adolescente nos confronta y nos hace ver que a veces les decimos «descuidados porque estamos acostumbrados a los jardines y no a la selva» (Jaime Sabines, 1990). Conocí a un maestro que me decía que entrar a un aula de secundaria o preparatoria era como entrar a la selva africana, por lo que era necesario aprender los dialectos, las costumbres y los rituales de las tribus que uno encontraba.

En este contexto, que puede provocar y justificar las brechas generacionales, me parece importante repensar el concepto de adolescente. El que adolece. Sin duda hay mucho de verdad. Pero creo que sobredimensionar lo que falta no favorece el crecimiento. ¿Puedo tener confianza en alguien en quien sólo reconozco carencias? Esas adolescencias que tanto trabajo me cuestan ¿no será que me hablan de las mías? En singular, mi adolescencia, es el verano que pasó, es una etapa de mi vida que me regaló aprendizajes y hasta condiciones existenciales muy importantes.

En plural, mis adolescencias, son un presente incontrovertible. Asuntos pendientes que me interpelan al reflexionar en ellos y que se pueden traducir en una invitación permanente a entenderme como un ser en proceso. Mis adolescencias son una manera de reconocerme imperfecto, inconcluso y, por tanto, son fértiles detonadores de búsqueda, de crecimiento y de aprendizajes. Por eso digo que yo soy muy adolescente, porque no sé qué quiero ser de grande, y ya me estoy volviendo grande.

¿No será que, más que EL ADOLESCENTE, hay cada adolescente? ¿No será que es más importante el nombre, apellido, rostro, historia, experiencia y lucha de quien tengo delante que el conjunto de abstracciones e ideas sobre él o ella?

La adolescencia también puede entenderse como la falta de experiencia de quien tiene ya las potencialidades. ¿No será que nuestros programas académicos y diseños escolares, programas de formación y propuestas sociales no responden a una idea del ser humano integral? El homúnculo pedagógico ¿no será una imagen con una gran cabeza y un cuerpo infinitamente pequeño? Si lo que falta es experiencia, ¿no sería conveniente acompañarlos en ese viaje? Si entendemos la experiencia no únicamente como lo que nos pasa sino también lo que hacemos con lo que nos pasa, un maestro de secundaria o preparatoria, un papá, un tío, un adulto, es un acompañante en este tránsito por experiencias. De acuerdo con esta descripción, un adolescente es un novato que tiene en sus manos el volante de un camión cisterna de gas. Los educadores de adolescentes somos los profesores de manejo de ese novato e igual que todo profesor de manejo que respete, estará viajando en la misma cabina que su alumno. No es un «viene, viene» que le «echa aguas» desde abajo del coche y de lejitos. ¿No será que más que estudiar al adolescente hay que estudiar con él, aprender con él?

Los adolescentes, en algunos casos críticos, en otros criticones, hacen también preguntas molestas. De esas que mueven los cimientos del edificio escolar y social. Cuestionan el sentido de lo que estudian. Así surge la pregunta: ¿Eso a mí para qué me va a servir? Con respuestas implícitas o explícitas que resultan en «para pasar el examen»; «en un futuro me entenderás»; «yo a tu edad estudiaba sin tantas preguntas». En algunas ocasiones (aun en la más laica de las escuelas) pedimos de nuestros alumnos un acto de fe. La vida y explicación adulta es vivida como la eterna tierra prometida cuando el joven está más bien lidiando con la manzana del pecado. La explosión hormonal, la inquietud, el cuestionamiento, la rebeldía, el descubrimiento de lo que Serrat canta como el «fuego del licor, el brillo del dinero, el automóvil, el cine y la mujer», es enfrentado con un *curriculum* educativo que Carl Rogers describe como diseñado «del cuello para arriba», un salón con otros 20 o 30 compañeros, 5 o 6 horas, que sentados escuchan solicitudes de respuestas exactas y homogéneas y el mensaje de «hay que ser normales».

En mi experiencia, y al observar a grupos de jóvenes, descubro que al participar en un programa de encuentro con realidades sociales diferentes a las cotidianas se puede despertar el gusto por aprender. Esos monstruos peludos que se mueven en hordas para inaugurar nuevos vandalismos en la historia humana, ¿no podrán encontrar un espacio de revolución, aprendizaje y descubrimiento en el subversivo movimiento del encuentro? ¿No será para ellos una nueva utopía la búsqueda del crecimiento del otro en un mundo promotor del hedonismo y del egoísmo donde las grandes utopías y los muros se han derrumbado?

Ortega y Gasset dice que el motor de la historia es la articulación en un solo presente de tres generaciones: los jóvenes, los hombres maduros y los viejos. Esta «sensibilidad vital» de la que habla Ortega, distinta de la antigua y homogénea entre sí, define a una nueva generación y parece estar buscando posibilidades de responder ante la pregunta del sentido de la vida con fórmulas nuevas. En esta manera de preguntar por los valores, los adolescentes nos recuerdan, con su rebeldía ante los roles sociales establecidos, que ya no debemos de estar jugando un papel en la puesta en escena de este mundo. Vale la pena escribir la historia y ser nuestros propios guionistas. A los adolescentes se les acusa a veces de soñadores, de idealistas y de utópicos, a mí por eso me gusta estar cerca de ellos, para que, aunque me vaya volviendo viejo, como dice Jaime Sabines «aunque sea por contagio», me mantengan con la convicción de que «sin utopía la vida sería un ensayo para la muerte» (Joan Manuel Serrat).

Rehabilitar la confianza y la posibilidad de ser útil

Se dice que la autoestima tiene dos componentes. Uno es el subjetivo, el que resulta de saberte importante y único por sentirte querido. Esta dimensión de la autoestima es, digamos, centrífuga; en nuestro lenguaje, es la inhalación o la inspiración del proceso de la respiración existencial. Es el regalo que te da la «otro estima», es decir, el cariño y la aceptación positiva incondicional de las personas significativas. En términos de desarrollo, esto normalmente te lo aporta con más fuerza mamá o papá, o quien funja como tal. Esos mensajes verbales o no verbales, físicos, a través de miradas, abrazos, cuidados, etc., que de mil maneras te dicen «te quiero», son como los cimientos de una casa y apuntalan tu existencia.

El otro componente es el objetivo, el que fortalece tu autoestima porque te sientes capaz de hacer cosas, de producir algo. Sentirte poderoso en ocasiones tiene una connotación negativa, pero más allá de sentirte superhéroe o tener delirios de omnipotencia, me parece constructivo y funcional saberte competente. De esta forma puedes zarpar desde el puerto de seguridad que te da el saberte querido y puedes navegar con sentido para ayudar a otros a construir sus propios puertos. Uno de estos puertos ha sido para mí la Fundación Teletón.

Yo no me rehabilité físicamente en el Teletón porque no existía cuando me accidenté. En lo que sí me ayudó, y mucho, fue en la rehabilitación de saberme útil. Trabajar en la Fundación Teletón no ha sido únicamente una oportunidad profesional muy enriquecedora, sino que además ha resultado un espacio de reencuentro con el sentido de servir y aprender. La parálisis física no es tan grave como la parálisis del ánimo, la sensación de inutilidad. ¿Te ha pasado sentir que no sirves? Entras en una espiral descendente, una caída libre o más bien en una metamorfosis inversa. La vida pierde sus colores y ya no vuelas, te conviertes en una oruga que se arrastra a ras de suelo. La impotencia te va transformando de persona en cosa. Mi abuelo decía que una de las peores cosas que le podía pasar a un paciente, o a un individuo, era lo que él llamaba «cosificación». Esta patología consiste en que, junto con la imposibilidad de moverte, pierdes la dignidad, la autodeterminación, la energía para tomar decisiones y, por supuesto, tu interés es plenamente narcisista: los demás y sus necesidades están fuera de tu visión. Eres una cosa que requiere atención y sólo tiene funciones de demandas y solicitudes y nada que salga de ti, más allá de quejas o lamentos. Esto no solamente es resultado de una paraplejia o cuadriplejia, también ocurre cuando pierdes el sentido o el significado del trabajo y te percibes únicamente como un engranaje de una maquinaria. Como Chaplin en la película *Tiempos Modernos*, donde en una línea de producción, enajenado, aprieta repetitivamente unas tuercas por horas y horas hasta que se vuelve loco. Es genial cómo baila una especie de ballet engrasando a las personas y cómo hace de esa enorme maquinaria una escenografía para poner en el centro al ser humano, al baile, a la vida, a lo vital.

Así veo al Sistema de Centros de Rehabilitación Infantil Teletón, no únicamente como el sistema de centros de rehabilitación infantil más grande del mundo, con unos edificios espectaculares, llenos de colores y un equipamiento de clase mundial, todo esto es el marco, el escenario para que resalte, brille y florezca lo importante: los niños con discapacidad y sus familias. Es como preparar las aulas de la universidad para recibir a los maestros y limpiar nuestra mirada para recibir su cátedra. Un niño con discapacidad o cáncer puede ser nuestro maestro en la medida en que nos dejemos tocar por su existencia; en que la escuchemos, la sintamos y reconozcamos que nos conmueve. Es decir, nos mueve las emociones, nos zarandea las certezas y sobre todo, como todo gran maestro, nos genera preguntas y nos deja tarea. Así cobra mayor sentido la vida, el esfuerzo y el testimonio de cada chavito. De por sí tienen sentido su testimonio y sus retos, pero en la medida en que mi accionar cambia, mi conciencia crece o descubro algún recoveco de mí, le doy mayor sentido. Me convierto en un buen albacea de su legado, un discípulo digno de un gran maestro.

Por otro lado, el equipo de profesionales de la Fundación ha sido para mí como un capullo de amistad donde he podido revertir la metamorfosis cosificante y la camisa de fuerza de la inutilidad para poner mi discapacidad, mis capacidades, mi licenciatura en Administración de Empresas, mi máster en Desarrollo Humano y mis ganas de ser útil, al servicio de los niños de los centros de rehabilitación. He trabajado en el área de comunicación, en el comité de ética, en desarrollo humano y en la dirección de filosofía institucional. Disfruto mucho trabajando con los colaboradores, los terapeutas, los médicos y los demás profesionales que ponen todo su talento y compromiso para lograr la rehabilitación integral de los niños en todas sus dimensiones bio, psico, social y espiritual.

Me encanta y me divierte mucho platicar con los niños y sus papás en las salas de espera de los centros de rehabilitación. Tiene razón mi amigazo Carlo cuando dice que esos espacios, más que ser salas de espera, son salas de esperanza. Todos los centros de rehabilitación de Teletón tienen en la entrada una recepción con forma de tren. La intención es invitar a todo el que llega a subirse al tren de la rehabilitación. Yo he visto cómo, con un poco de imaginación –de ésa infantil, de la que nace la esperanza–, un Centro de Rehabilitación Infantil Teletón (CRIT) se ve muy parecido a un aeropuerto. En las salas de esperanza, los viajeros buscan un boleto para ese viaje con escalas en diferentes consultorios, donde encuentran asesores que los acompañan en su trayecto y les ayudan a trazar mejores rutas. En los espacios de terapia, los pasajeros trabajan para mejorar su condición y ensanchar su vida.

Esto que he narrado es el puerto de salida, el proceso que las personas que tienen una discapacidad o sus familiares muy cercanos, apoyados por los terapeutas, doctores y demás profesionales, hacen para despegar, para preparar su partida de un centro de rehabilitación con herramientas, actitudes y dinámicas nuevas y más funcionales. Todo ese esfuerzo de regresar o incorporarse al mundo entra dentro del paradigma de la integración. Éste consiste en que «las personas con discapacidad se adaptan a las realidades de los modelos que ya existen en la sociedad, que hace solamente pequeños ajustes». Este modelo inspira una parte muy importante de la recuperación y el crecimiento de las personas. Constituye tal vez un enfoque necesario, pero es, a todas luces, insuficiente. Me explico:

Desde este punto de vista la persona con discapacidad tiene una «anormalidad», es decir, está fuera de la norma del promedio y esto puede conducir a:

- «La visión del taller mecánico», donde se debe reparar, darle hojalatería, pintura y algunas refacciones para que se reincorpore a la carrera competitiva de la vida.
- «La visión de la reservación india», donde se generan espacios para las personas que representan excepciones a la norma.
- «La visión aspirina de conciencia», en la cual «se les da la oportunidad de que se integren» para demostrar generosidad o por ser lo políticamente correcto.

Lo más limitante de esta perspectiva puede ser que nos quedemos como testigos pasivos del fenómeno de la discapacidad porque ésta puede resultar un reflejo demasiado exacto de nuestras debilidades y una amenaza a la imagen ideal, aunque irreal, de nosotros mismos. Por eso las personas con discapacidad son peligrosas y es más fácil catalogarlas, apartarlas y excluirlas. Cualquier salida, la lástima, el repudio, la adulación, la indiferencia, la ayuda desde la culpa o desde la superioridad, son buenos protectores para no tener que encontrarnos con el espejo de su mirada y darnos cuenta de nuestras propias debilidades, fragilidades, de nuestras impotencias, de nuestro ser hermosamente imperfecto.

Me parece que la discapacidad es una invitación a una acústica y una óptica distinta. Una provocación a escuchar y mirar pero, sobre todo, a escucharnos y mirarnos a nosotros mismos desde otras perspectivas. Éste es uno de los tantos regalos que ofrece la visita al mundo o, mejor dicho, a los mundos de quienes viven con una discapacidad.

Porque una discapacidad es un terremoto que nos invita a reconstruir el paisaje. Derrumba las certezas, las concepciones fundamentales y los paradigmas, pero no únicamente de las personas con discapacidad sino también de quienes los rodean: familia, amigos, escuela, trabajo, comunidad y la sociedad en su conjunto. La sacudida de la discapacidad puede ser el detonador de un proyecto mejor con fundamentos más firmes y espacios que inviten al crecimiento de todos.

La energía de las ondas oscilatorias y trepidatorias de este sismo sólo podrá ser aprovechada si dejamos que se toquen los cimientos de nuestros edificios y no únicamente los ajenos. Si nos damos cuenta que al señalar la condición o la discapacidad del otro, como una mano que apunta, un sólo dedo, el índice va en dirección de la otra persona. Pero otros tres apuntan hacia nosotros mismos, hacia nuestras propias discapacidades e imperfecciones.

Mientras que la integración es «el esfuerzo y las acciones que las personas con discapacidad realizan para pertenecer a un grupo o apropiarse de un entorno, la inclusión es la actividad de un grupo para transformarse y construir un lugar para todas las personas», respetando las características diferentes, únicas e irrepetibles de cada uno. Éstas son dos estrategias complementarias y mutuamente necesarias para el desarrollo y, por ende, para la superación de la exclusión. No son opciones excluyentes. Así todos podemos construir, con el paradigma de la inclusión, las pistas de aterrizaje para los viajeros que regresan de los Centros de Rehabilitación. Nada sería más absurdo que un avión que no tenga donde aterrizar después de haber hecho un enorme esfuerzo por elevarse por arriba de sus circunstancias.

Frente al choque de placas tectónicas del «yo perfecto» y «tú inferior» se proponen los cimientos de un «nosotros complementario». La reconstrucción del paisaje nuevo apela a un urbanismo incluyente, es decir, a una actitud social donde una discapacidad no es una condición absoluta e inamovible. Como no lo es tampoco la vida de ninguna persona con o sin discapacidad. La discapacidad puede ser vista como una condición relativa al entorno. Por ejemplo, si hay una rampa adecuada y se cuenta con una silla de ruedas, una persona con parálisis puede perfectamente acceder a un lugar sin mayor diferencia de alguien que lo haga de pie.

Es incluso muy representativo la diferencia en las oportunidades de inclusión que tiene un niño con discapacidad en el campo o en la ciudad. En el entorno rural parece que es más complicado incluirse con una discapacidad que involucre un aspecto motriz más que un aspecto intelectual. La movilidad y la fuerza física son más importantes en muchas de las actividades del campo. En un entorno urbano parece que es exactamente al revés. Las demandas de tipo intelectual son más altas en la ciudad.

Afortunadamente los nuevos «reglamentos de construcción» de este nuevo paisaje urbano como lo es la Convención sobre los Derechos de las Personas con Discapacidad de la ONU, proponen conceptos como el del «Diseño Universal». De acuerdo a esta propuesta, todos los ámbitos del diseño social deben incorporar la perspectiva de la discapacidad para que el diseño de cada elemento de la estructura social permita que todos seamos usuarios y protagonistas de la misma. Por ejemplo: no tiene caso que haya «tus escaleras» si vas de pie y «mi rampa» si voy en silla de ruedas si en un acceso con una pendiente adecuada podemos ir ambos. Y de esa forma, además, vamos conversando.

Por tanto creo que el terremoto de la discapacidad, que la Fundación Teletón ha puesto en la conciencia de millones de personas en México, puede regalarnos un nuevo diseño de nuestro entorno en donde nos podamos encontrar, complementar nuestras discapacidades y contar con los demás. Cada quien con sus formas de dejar huella: pisadas, rodadas, imágenes, sonidos y estelas en el agua. Todos tenemos tareas y pendientes para lograr una mayor inclusión.

Creo que yo no he sido el único beneficiado y rehabilitado en la posibilidad de sentirme útil, como tampoco lo son los miles de niños y familias que han sido atendidos por los CRIT. La Fundación Teletón ha logrado también «rehabilitar» a México en la confianza de saber que puede plantearse metas, cumplirlas y comprometerse de manera sostenida con una causa. Desde 1997 Teletón ha establecido al público una meta económica de recaudación en un maratón televisivo de alrededor de 24 horas y, si ésta se alcanza, se construyen uno o dos centros de rehabilitación por año, un hospital para niños con cáncer, un centro para autismo, una universidad para formar especialistas en el área de la salud y la rehabilitación. Año con año se ha superado la meta y se han entregado puntualmente los proyectos para decirle a México que sí es posible comprometerse, hacerse responsable, madurar socialmente e invitarnos a todos a construir una comunidad donde quepamos cada vez más personas y no dejemos al margen a nadie.

Pues ya ves, no soy doctor pero trabajo rodeado por ellos y, en cierta medida, siento que he podido rehabilitar otro de los aspectos que buscaba y que motivaba cuando quería ser médico: la vocación de servicio, la necesidad de saberme útil y ejercer el derecho de servir.

8. RESPETAR: Volver a mirar

José Alfredo Jiménez tiene razón, vivimos en un mundo raro. Esta rareza se nota, entre otras cosas, en cómo compartimos lo que poseemos. Como un botón de muestra te propongo los siguientes datos del Programa de las Naciones Unidas para el Desarrollo:

- El 1 % de la población más rica del mundo tiene ingresos equivalentes al 57 % de los más pobres.
- El activo de las 3 personas más ricas del mundo es superior al PIB combinado de todos los países menos adelantados y sus 600 millones de habitantes.
- El activo de las 200 personas más ricas es superior al ingreso combinado del 41 % de la población mundial y ha crecido en los últimos años a un ritmo de 500 dólares por segundo.

Con un lenguaje menos técnico Eduardo Garza dice que mientras la mitad del mundo se muere de hambre, la otra mitad está a dieta. Germán Dehesa lo plantea con su agudeza y claridad característica así: «Entre la pobreza material y la pobreza de ánimo lo único que hemos logrado es que nadie sea feliz, pues entre los que se mueren de hambre y los que se mueren de aburrimiento porque todo lo tienen, estamos los que algo tenemos y nos morimos de angustia al contemplar el hambre y el aburrimiento».

Y si le incorporamos el factor de la discapacidad resulta que:

- El Banco Mundial estima que el 20 % de las personas más pobres del mundo tiene algún tipo de discapacidad.
- El 90 % de los niños con una discapacidad en los países subdesarrollados no asiste a la escuela de acuerdo a UNESCO.
- Solamente 45 países tienen leyes antidiscriminatorias o que contemplen específicamente el aspecto de la discapacidad.

Cuando vemos éstas y otras rarezas de nuestro mundo, hay quien cae en el cinismo, en la decepción o el fatalismo. En el lenguaje cotidiano dirían «a chupar, a chupar, que el mundo se va a acabar». Esto no es un asunto menor de pesimismo pasajero. Lo fuerte es que el proceso que se dispara y la desesperanza que provoca, puede llevar a la muy dolorosa decisión de borrarse a uno mismo de la ecuación de los problemas. La violencia contra uno mismo, el suicidio. Me resultó muy impresionante descubrir que frente a los 468.000 homicidios anuales, se registraron en el mismo periodo 1.000.000 de suicidios en el mundo y que, además, de acuerdo a la Organización Mundial de la Salud, por cada suicidio hay de 10 a 20 personas que lo intentaron sin éxito. En México ésta es la tercera causa de muerte entre jóvenes de quince a veintinueve años. ¿Qué nos estará faltando ofrecer a nuestros jóvenes y, por supuesto, también a nosotros mismos para que dejar de existir sea una «solución»? Independientemente de trastornos emocionales, psicológicos, sociales, fisiológicos, etc., que inciden en una situación como ésta, me parece que estas estadísticas son un indicador de una soledad y una desesperanza terribles. Estamos marginando a muchas personas y comunidades que se sienten:

a) Incapaces de transformar su vida común.
b) Predestinadas a la situación presente.
c) Imposibilitados en su capacidad de soñar el futuro de manera distinta.

He notado que el pesimismo se disfraza de realismo. Cuando alguien propone una idea, se le acusa de ingenuo e idealista y se le invita a ser realista. Creo que es útil e importante no negar ni minimizar la realidad de los datos, pero también he conocido amigos que, con sus propuestas, nos recuerdan que también existe el realismo de la esperanza. Son personas que analizando los hechos, las tendencias, las dinámicas y las estructuras de los problemas, se han atrevido a soñar y a expresarlo, como lo hizo en su momento Martin Luther King. Lo valiente y valioso de estos personajes es que no se quedaron en el sueño que fortalece la somnolencia del cinismo, sino que despiertan la conciencia con la fuerza de la acción. Martin Luther King lo describe en su autobiografía cuando recibe el premio Nobel de la Paz: «Debo confesar que he disfrutado estar en la cima de la montaña y he estado tentado a quedarme ahí y retirarme a una vida más silenciosa y serena. Pero algo dentro de mí me recuerda que el valle me llama a pesar de todas sus agonías, peligros y momentos de frustración. Debo regresar al valle». Mi amigo Carlo, el que me acusa de ser cursi, dice que «en el peregrinaje de la vida, hay que subir para alabar a Dios, pero después hay que bajar para humanizar la alabanza».

De estos amigos y sus propuestas, ya te platiqué de Fernando Landeros y el proyecto de la Fundación Teletón. Quisiera darte noticia de otros locos útiles, amigos que me han permitido formar parte de sus locuras.

Piensa primero

El primer proyecto social con el que me tropecé fue una especie de efecto secundario de mi lesión medular y de haber sido operado por el doctor Roberto de Leo.

Un día me citó en su consultorio y me dijo: «Ahora sí, vago malviviente, ya te conseguí un quehacer para que ya no seas tan vago, o lo sigas siendo pero que por lo menos sirvas para algo», y me dio unos manuales y unos vídeos que traía del Congreso de la Asociación Americana de Cirugía Neurológica. Llegando a mi casa puse los vídeos y me puse a hojear los documentos. Eran las descripciones y las normas de operación del programa «Piensa Primero» (*Think First*).

La misión de «Piensa Primero» es difundir una cultura de prevención de accidentes; sobre todo, aquellos que provoquen lesiones al cerebro o la médula espinal. El objetivo del programa es educar a la gente joven sobre la vulnerabilidad y el correr riesgos innecesarios. Los esfuerzos educativos se realizan principalmente presentando el programa en secundarias, preparatorias o grupos de jóvenes, ante un gran auditorio o dentro del salón de clases. Estas presentaciones incluyen las siguientes actividades:

- La proyección de un vídeo que contiene testimonios honestos y directos sobre el pequeño margen que separa a la diversión de las actividades riesgosas que pueden resultar en una tragedia. En un ambiente de acción y música presenta los pensamientos de adolescentes dinámicos con lesiones medulares y cerebrales.
- Una discusión sobre la anatomía del cerebro y de la médula espinal; sobre la forma en que estas partes del cuerpo se pueden lesionar; los resultados físicos de tales traumas y cómo se pueden prevenir.
- Un joven que haya sufrido una lesión medular o cerebral describe cómo su vida ha cambiado a partir del accidente. Ésta es la actividad clave del programa ya que muestra a los estudiantes que estas lesiones les pueden suceder y, de hecho, les suceden a personas como ellos mientras realizan actividades típicas de adolescentes.

Con toda sinceridad, la primera impresión y reflexión cuando vi el vídeo que se usaba para las exposiciones fue: «Yo ni loco me voy a poner enfrente de un grupo de personas a dar detalles de mi accidente y, mucho menos, a ventilar las tonterías que hice para provocarlo. ¡Qué vergüenza!».

Después me invitó Roberto a ver una presentación y a participar en ella, si me animaba. Estaban unas señoras encantadoras que apoyaban en la organización de estas pláticas preventivas para jóvenes. Eran las «Pink Ladies», las damas voluntarias del Hospital ABC, encabezadas por Renate Levy. Una de ellas dio la bienvenida y la introducción con una gran calidez, claridad y generando un ambiente de respeto y confianza muy particular. Roberto expuso las causas principales de los accidentes y algunos mecanismos preventivos. Lo que más admiración me provocó fue escucharlo expresar su frustración e impotencia de no poder remediar una lesión al sistema nervioso central después de dedicar gran parte de su vida a estudiar y trabajar en ello como médico y como neurocirujano. Como en muchas cosas, Roberto me puso la muestra. El gran especialista experto, el médico de fuerte, fortísima personalidad y el hombre de actitud segura que proyectaba tener siempre respuesta, reconocía en público sus limitaciones. Como comprenderás, al finalizar Roberto, expuse mi testimonio con sinceridad. Al terminar me sentí escuchado, comprendido, y sobre todo útil, no solamente hacia los demás, sino también hacia mi persona. Presentar mis retos, mis dificultades, mis errores y sus consecuencias me ayudaba a ponerles un poco de orden y a reconciliarme conmigo mismo. Para que te rías de mi determinación inicial y ubiques la capacidad de las personas de «Piensa Primero» para transformar a los demás, después de esa primera plática, he dado alrededor de 350 presentaciones de prevención de accidentes en muchos foros.

De repente me descubrí acompañado, arropado por el profesionalismo voluntario de Renate Levy y sus «Pink Ladies». Me enseñaron que el trabajo voluntario tiene como sustantivo el trabajo. Son profesionales, organizadas, comprometidas; y sólo de manera adjetiva son voluntarias, no cobran y regalan su talento. Lo sustantivo es su trabajo.

Además de Roberto, estaba el matrimonio de Ernesto y Lilia, él neurocirujano, ella neurofisióloga y gran maestra para exponer los temas de prevención. Este grupo fue creciendo y se generó una comunidad de médicos y terapeutas que compartían la convicción expresada por Louis Pasteur: «Cuando medito sobre una enfermedad, nunca pienso en encontrar un remedio para ésta, sino el medio para prevenirla». Sin retribución económica, nos ayudaban exponiendo dentro de las charlas la parte sobre anatomía.

Adicionalmente se fue generando un grupo de expositores testimoniales que servía como comunidad de crecimiento entre nosotros y que significaba la mayor credibilidad frente al público adolescente, ya que lo que hacemos es no dar una prédica de lo que los jóvenes y adolescentes irresponsables «deberían» hacer, como lo han escuchado mil veces de sus papás, sino que simplemente –con la mayor claridad y sinceridad posibles– les hablábamos de tú a tú, de amigo a amigo para decirles: «Ésta es mi historia, esto es lo que me pasó a mí y lo que cambió en mi vida por un accidente. Te lo vengo a compartir para que no tengas que pasar por algo así». Nos convoca la convicción de que, esa frase que dice «nadie sabe lo que tiene hasta que lo pierde», no es del todo cierta. Si creyéramos eso, quienes compartimos nuestras experiencias en «Piensa Primero» tendríamos que esperar a que los jóvenes que nos escuchan tuvieran un accidente o una lesión medular para entender porque «nadie experimenta en cabeza ajena». Nosotros creemos más en la empatía, en esa capacidad de mirar las cosas desde los zapatos de alguien más, o desde las ruedas del otro. Nos fundamos en la inteligencia y sensibilidad de los jóvenes para aprender y recibir con gratitud la experiencia de un amigo que se la regala con la ilusión de que la hermosa luna de su sonrisa y el brillo de esperanza en sus ojos no se vean eclipsados por un accidente idiota. Así, grupo por grupo, hemos sido escuchados por cerca de 100.000 personas.

Muy lejos de lo que había sido mi primera impresión con los vídeos, de ser una campaña de susto, miedo y con riesgo de andar dando lástima, me di cuenta de que el mensaje principal que propone «Piensa Primero» es que se puede llevar una vida divertida y emocionante sin lastimarse. La invitación es a vivir con pasión y adrenalina, pero dándonos un minuto para Pensar Primero y poder gozar de la vida hoy, mañana y todo el tiempo posible, sin perderla por un accidente. Dentro de la crudeza y la realidad de lo que significa una lesión con consecuencias incurables, hacíamos cosas divertidas como sentar a un voluntario del público en una silla de ruedas durante la charla y pedirle que fuera cuadripléjico. Incluso nos asociamos con algunos maestros de la materia de Formación Cívica y Ética de una preparatoria para desarrollar un proyecto en complicidad. Lo titulamos «24 horas sobre ruedas». La asignatura académica incluía una investigación formal sobre la normatividad y las barreras físicas, actitudinales y culturales a las que se enfrenta una persona con discapacidad en México. Para acreditar la materia firmaban un compromiso para vivir 24 horas de acuerdo a un perfil que les proporcionábamos y que describía las funciones que una persona parapléjica podía o no podía realizar. Uno de sus compañeros se comprometía a ser su asistente esas 24 horas y después se invertían los papeles. En un caso, a uno de nuestros alumnos, uno de los amigos de otro grupo que no participaba en el proyecto le insistió en que le prestara la silla. Le decía algo así como: «Ya no seas payaso, ponte de pie un tantito y déjame dar una vuelta en la silla». Yo me desternillaba de la risa cuando me enteré de que, ante tanta presión, la salida de este chavo para no faltar a su compromiso con el proyecto y, al mismo tiempo, no quedar mal con un amigo, lo cual en la adolescencia es destierro y excomunión por traición, fue decirle: «La verdad es que no me puedo mover, los de esta asociación me inyectaron una cosa y estoy paralizado por un día». Me divertía mucho la fama que podía generarme ser un paralizador de la juventud.

En otro evento, conseguimos que la policía nos donara dos coches y organizamos un choque en un estacionamiento de una universidad. Uno de los autos estaba estacionado y el otro era piloteado por un voluntario que por supuesto usaba casco, cinturón de seguridad y cuello. Algo iba a fallar porque no dimensionamos bien el desplazamiento del coche que iba a ser embestido por el otro. No creas que era una gran velocidad; calculo que aceleró a 60 km/hora. Comprenderás que, en un estacionamiento, no daba para mucho más, pero resultó muy impresionante ver aquello y, sobre todo, el espectáculo de los camarógrafos de la televisión que brincaban y corrían para que no los atropellara el coche, que salió disparado por el otro mucho más lejos de lo que nuestros cálculos de física nos habían dicho.

En un viaje al congreso anual de Think First Foundation nos presentaron el programa de «Piensa Primero para Niños». Este programa no consiste en presentaciones tan fuertes como el de adolescentes, más bien es un programa educativo, con un superhéroe de la seguridad que enseña cómo te puedes divertir sin lastimarte. Fue desarrollado para incrementar la conciencia y el conocimiento entre niños de seis a ocho años, en grados escolares de 1º, 2º y 3º de primaria sobre los riesgos de un trauma al cerebro o a la médula espinal y la forma de desarrollar buenos hábitos de seguridad.

Lo primero que hicimos fue traducir el material y se nos presentó una oportunidad muy interesante con el «Papalote Museo del Niño». Las personas del museo nos desarrollaron una exposición itinerante con los contenidos, los personajes y el espíritu del programa. Esta exhibición se presentó en varias ciudades de la República Mexicana y en San Antonio, Texas. Lo visitaron alrededor de 500.000 personas.

Con el objetivo de lograr una mayor difusión del programa «Piensa Primero para Niños» se hizo una alianza con la Fundación Teletón y se creó el programa «Alerta-T». Con él hemos logrado tener presencia en 2.193 escuelas públicas de ocho estados de la República Mexicana y hemos alcanzado a 422.000 niños. Con todo este trabajo hemos llegado a cerca de un millón de personas. Estoy seguro de que si le preguntas a cualquiera de los que han participado en este proyecto por los resultados, te responderá que con haber logrado que uno de los niños o jóvenes piense primero, tome buenas decisiones y viva sano, todo esto ha valido la pena.

Unidos

Si buscamos en el diccionario la definición de un club, diría alguna cosa más o menos así: «Dícese de un grupo de personas que coinciden en algún interés o actividad en común». Yo conozco un club en donde asisten personas que buscan encontrar sustantivos y donde los adjetivos sirven de complemento y pretexto para el crecimiento. Se llama Unidos y es una asociación civil que tiene como misión inteligente y lúdica ser: «…un movimiento que transforma la actitud de la sociedad para la aceptación de las personas con discapacidad, mediante la interacción alegre y la creación de redes sociales». Este proyecto se inició en Monterrey por iniciativa de Estela Villareal, una emprendedora social increíblemente sensible e inteligente. Ella tuvo dos hermanos con discapacidad y, frente a las miradas de extrañeza y en ocasiones de desprecio que las personas en la calle le dirigían a sus hermanos, Estelita no se atoró en la amargura y, con la agudeza y arrojo que la caracteriza, propuso un modelo educativo, social e incluyente que transformara esas miradas a través de la oportunidad de mirarnos unos a otros a los ojos. Lo genial de su propuesta es que no es ni un apostolado sufrido, ni una terapia clínica y aburrida: es reventón, es fiesta, alegría y diversión.

El reto de la discriminación es entendido en Unidos como un asunto de ignorancia, prejuicio y falta de oportunidades de encuentro. Lo que se hace en esta asociación es crear espacios de convivencia entre personas de capacidades distintas para promover la integración social y un cambio de mentalidad hacia la discapacidad. Uno de sus lemas es «Yo tengo lo que a ti te falta». Es decir, un joven voluntario puede representar, para un amigo con discapacidad, sus piernas, sus manos, sus ojos o su voz. Pero un chavo con discapacidad puede significar para un amigo sin discapacidad el sentido de la vida que buscas, la manera de vivir el tiempo de otra forma, el testimonio de enfrentar la adversidad que no únicamente forja el espíritu propio sino que además puede servir de inspiración a otros. Yo tengo lo que a ti te falta y tú tienes lo que yo preciso. Juntos en el encuentro llegamos adonde ninguno por su lado lo haría. Ninguno de los dos tenemos que ser perfectos para servir a otro, más bien nos vamos perfeccionando en el encuentro. Nuestras capacidades son diferentes pero, sobre todo, son complementarias.

Un ejemplo de esto lo vi en el Campeonato Mundial de Esquí Acuático para Personas con Discapacidad. En el evento de saltos para ciegos, junto a la persona invidente va un guía que cuando se acerca la rampa, le da orientación, lo toma del brazo y lo ayuda a colocarse en la dirección adecuada. Y, cuando están a unos metros de la rampa, lo suelta y le ayuda con una cuenta regresiva: «tres, dos, uno, ¡AHORA!». En ese momento el atleta toma contacto con la rampa y salta solo. El guía resulta tan importante que, incluso en la entrega de medallas de 1º, 2º o 3er lugar, se le entregan al esquiador y también a su guía. En el equipo italiano, uno de los esquiadores invidentes se llama Tomaso y su guía se llama Claudio. Lo interesante y divertido es que Claudio también es competidor, pero en la categoría de silla de ruedas. Claro, en ningún estatuto de los reglamentos se establece que el guía tiene que ir de pie para orientar al esquiador que no ve. Claudio esquiando sentado puede perfectamente darle alineación y balanceo a Tomaso. Ya en tierra, Tomaso es un poderoso motor de la silla de ruedas de Claudio o de quien lo necesite. Con los ojos de Claudio y la fortaleza de Tomaso, ambos llegan a lugares donde solos no podrían llegar. Otra escena divertida y enriquecedora es ver el calentamiento de Tomaso previo a esquiar. Le gusta correr y, por supuesto, eso de correr sin mirar a donde va uno, tiene sus peligros. ¿Por qué no saltar una cuerda? ¿Por qué no improvisar una caminadora con unos rodillos para no romperse la nariz contra un poste o un árbol? Pues, él sabrá, pero creo que la respuesta es porque cuenta con Christian, quién a su vez, cuenta solamente con una pierna. Christian es un fortísimo esquiador de la categoría «L», del inglés *leg amputee*. Obviamente no es un corredor muy rápido, pero a donde viaja consigue o renta una bicicleta. Es como una motocicleta con motor de un cilindro porque sólo una pata sube y baja en el pedal derecho. Entonces se vuelve un vehículo ideal para acompañar a Tomaso en sus carreras de calentamiento, quien sólo pone su mano derecha sobre el hombro izquierdo de Christian y avanzan al ritmo que el corredor marca.

Al mirar la magia del encuentro que genera Unidos, uno se pregunta: ¿Qué pasa en el corazón y la mente de un joven sin una discapacidad en el proceso de acercarse a una persona con discapacidad? Ya ves que, como buen chismoso, más allá de una disertación o especulación teórica le pregunté a los directamente involucrados, a los chavos. Me sorprendió la respuesta tan detallada, reflexionada y profunda que me dieron. Yo simplemente te diría que me enseñaron el verdadero sentido de la palabra «respeto». En su origen etimológico significa «volver a mirar». ¡Pues claro!, eso es justamente lo que hacen los jóvenes en Unidos, y creo que es lo que nos pasa a todos cuando nos enfrentamos a una persona o experiencia nueva. Pongamos el caso de conocer a una persona con alguna discapacidad que no hubiéramos visto antes. Es muy probable que la primera impresión sea un cuerpo que se mueve de manera incontrolada en una silla de ruedas; la discapacidad parece que nos eclipsa a la persona. Se requiere valor y conciencia para «volver a mirar» y descubrir lo esencial, a la persona. Al volver a mirar, y además al interactuar, se van cayendo los prejuicios y se va dando a luz a una nueva amistad. Es una relación en la que no se niegan las discapacidades, pero se trascienden.

Además de la amistad que se genera entre los participantes de Unidos, la energía de su alegría y el ejemplo de la interacción puede generar una epidemia de inclusión. Esto es un objetivo explícito de Unidos: «Transformar sociedades hacia la aceptación de las diferencias entre realidades distantes, en donde todos crecen y se enriquecen». Estos jóvenes y su testimonio de crecimiento y reflexión pueden ser buenos maestros a los cuales debemos escuchar y mirar. Por ejemplo, si una persona tiene la concepción de que la discapacidad es solamente enfermedad, dolor, situación lúgubre y tenebrosa con sufrimiento de tiempo completo, de pronto puede llegar a un parque y encontrarse a doscientos jóvenes con y sin discapacidad divertidos, echando porras, conviviendo y creciendo juntos. Las carcajadas de esos chamacos van así resonando, resignificando y transformando a la sociedad a través de la mente y el corazón de quienes se encuentran con ellos. Es una revolución que no usa balas ni resentimientos, sino la taladrante y poderosa ametralladora de la alegría y la diversión de los adolescentes.

Este programa llegó a Cuernavaca, que es la ciudad donde vivo, por iniciativa de Liliana y Rafael, de quienes ya te he platicado. Como unos papás que buscan el crecimiento integral de Juliana, su hija, querían crear una red que pudiera apuntalar su desarrollo, en especial pensando en su adolescencia. En una fiesta infantil, Liliana me comentó que andaba buscando una opción para que cuando Juliana creciera tuviera un grupo de amigos y no se quedara sola. Me explicó que los niños, más o menos, se relacionan en la escuela y que, además, con el impulso e insistencia de maestras y papás, invitan a jugar a los que son un poco distintos. Pero en la adolescencia, cuando ya no se puede forzar las relaciones y a los chavos ya no se les puede decir «invita a fulanito, no lo dejes solo», los chavos con alguna discapacidad o característica distinta pueden irse aislando y pasarlo mal. Por eso Liliana quería trabajar para un proyecto de jóvenes. Y, como yo soy metiche, lo único que hice fue hacer de ingeniero de caminos y puentes, presentar a Estela con Lili y Rafa y, una vez construido el puente, el proyecto de Unidos empezó en Cuernavaca. Unidos en Cuernavaca es una de las más hermosas «travesuras» que Juliana nos ha regalado con su existencia.

Estímulo

Se dice que la genialidad y la locura se tocan en algún punto. Yo tengo un amigo que es así. Se llama Alejandro Brauer y es genial e increíblemente inteligente y, por consiguiente, también un poco loco. Cuando platico con él, siento que su mente funciona con un procesador muy rápido; tengo que poner toda mi atención en lo que me va diciendo porque si parpadeo pierdo algún silogismo y ya no hilvano el hilo de su pensamiento. Creo que así fue como me envolvió para ser consejero en la fundación que dirige, se llama Stímulo y es una asociación civil que trabaja para personas adultas con discapacidad intelectual. Me gusta el testimonio de Álex para desarrollar con inteligencia modelos de inclusión para las personas con discapacidad intelectual. Además me ha ayudado a descubrir y asombrarme por la sabiduría existencial de muchas de las personas con una discapacidad intelectual.

En Stímulo se generan y operan propuestas formativas para la capacitación laboral y la adecuación para la vida adulta; cuenta con un albergue residencial y varios servicios orientados a la inclusión de las personas con discapacidad intelectual. Es un trabajo bien demandante, especialmente por el hecho de que un grupo de personas con discapacidad convivan en una misma casa. Esta comunidad es apoyada por médicos, terapeutas, psicólogos y otros profesionales que están pendientes del bienestar y también del desarrollo de los inquilinos de Stímulo. La vocación de servicio de esta asociación social es impulsada y modelada por mi cuate Brauer, a quien me he encontrado en el techo de la casa albergue barriendo las hojas secas que caen de los árboles; lo he acompañado a pedir donativos; lo he visto de maestro de ceremonias en eventos de recaudación de fondos; de conferencista y organizador de foros académicos sobre el tema de la inclusión y la responsabilidad corporativa; lo he esperado mientras entrevista, atiende, diagnostica u orienta a alguna familia con algún miembro con discapacidad, etc. He aprendido de él, que además de su inteligencia racional cuenta con una especie de inteligencia servicial. Es de esos que al vaciar su talento y su tenacidad en el servicio, llenan de sentido su vida y la de sus inquilinos haciendo lo que se necesite.

Entre los aspectos revolucionarios de esta organización uno de ellos consiste en establecer la relación con sus beneficiarios como lo que son, adultos. Esto puede sonar a una perogrullada, pero creo que no lo es porque es común y fácil caer en la tentación de tratar a las personas con una discapacidad intelectual como niños, infantes eternos que nos generan una ensalada de ternura y lástima. En Stímulo las personas atendidas realizan las actividades que en lo cotidiano hace cualquier persona adulta y esto no es porque se les haga un favorcito, o por la infinita generosidad de nadie, más bien se trata de generar espacios que respeten su dignidad como personas mayores de edad porque esto es un derecho. Buscamos que los derechos no sean solamente un conjunto de normas, una lista de aspiraciones y deseos, sino que puedan ser ejercidos, vividos, realizados y que, a través de ellos, crezcan quienes los ejercen y también quienes somos testigos de ello. Un ámbito muy concreto de esta aspiración es el programa de autonomía, el cual permea todas las actividades al tiempo que busca que se respete la libertad de una persona. Frente al paradigma que afirma que una persona tiene mayor posibilidad de participación social al ser autónoma o independiente, en Stímulo apostamos por la libertad. Asumimos que, honrando esta capacidad de elegir, ayudamos a una persona a ser más responsable. Después de todo, cada uno de nosotros somos, en menor o mayor medida, dependientes de otros, pero todos podemos entendernos como seres únicos, irrepetibles, con un universo de posibilidades frente a las cuales tomamos decisiones y asumimos sus consecuencias. Un ejemplo específico y real se da cuando un usuario de Stímulo, por su condición, es dependiente para gran cantidad de actividades a lo largo de un día. Sin embargo, cualquier margen de libertad que tenga para decidir se cuida y se cultiva como una plantita en un invernadero en mitad del desierto. Si una persona no es autónoma para cocinar, incluso si ni siquiera puede comer por ella misma, pero puede decidir si prefiere sopa de lentejas o sopa de verduras, esa decisión, ese espacio de elección se debe respetar, cuidar y defender. ¡Qué liberador!, ¿no crees? Saber que no somos libres DE los condicionamientos del medio, pero sí somos capaces de ejercer nuestra libertad FRENTE a ellos. Ante una aparente fatalidad de las circunstancias, somos capaces de ir escribiendo nuestra historia con el sello de nuestras preferencias e ilusiones. No siempre «podemos», pero da fortaleza poder decir «quiero», y ser escuchado.

Además de los programas de estimulación y actividades de la vida cotidiana, en Stímulo se cuenta con un programa de capacitación e integración laboral con una serie de actividades: un taller de reciclaje de residuos sólidos, una pequeña fábrica de tamales, una granja de huevo orgánico y un criadero de perros. Siguiendo con la línea de lo que comentamos anteriormente, ¿qué hace un adulto? Pues claro, trabaja, y los habitantes de Stímulo no son una excepción. Por supuesto que para adecuar el trabajo a las condiciones de los usuarios de Stímulo, cada una de las funciones de los talleres está claramente sistematizada y es muy simple para poder ser realizada por los miembros de esta comunidad. Esto que suena como a la «división del trabajo» de la administración científica, ayuda a la eficiencia pero también ha impulsado la pedagogía en Stímulo y en quienes entran en contacto con esta asociación. El maestro Alejandro Brauer, quien no sólo es maestro por tener una maestría, sino por ser un gran profesor, logró involucrar a alumnos de secundaria en proyectos de aprendizaje y servicio con los talleres laborales de Stímulo. Estos alumnos cursaban conmigo la materia «Aprender a aprender» en la cual el objetivo central es desarrollar habilidades del pensamiento. En jóvenes de secundaria esto suena a un rollo aburridísimo. La salvación de este curso fue asociarnos con Álex para que nuestros alumnos hicieran un manual de los procesos productivos de Stímulo. Este proyecto era una clara muestra de lo que con mucha presunción se llama «ganar-ganar». Por una parte se respondía a una necesidad de la Asociación Stímulo, que era contar con manuales de procedimientos de los procesos que se siguen en sus talleres para sistematizar su tecnología y para capacitar a sus usuarios. Por otra, los alumnos tenían que descubrir las necesidades y capacidades de las personas con discapacidad, identificar los procedimientos a seguir en los talleres, analizarlos, dividirlos en etapas muy claras y secuenciales, verificarlos con los psicopedagogos y plasmarlos en un manual. En resumen, tendrían que aprender a indagar, analizar, sintetizar, comunicar, evaluar y demás habilidades del pensamiento. Y, por supuesto, con ello aprobar la materia. Aprender a aprender, aprender a través de servir identificando cómo aprenden las personas con discapacidad intelectual de Stímulo. Por cierto, un «detallín» que no hemos mencionado es que los usuarios de Stímulo no saben leer, por lo cual todas y cada una de las etapas de los procesos productivos se tuvieron que ilustrar con fotografías. Cada etapa, una foto; cada foto, un acuerdo con los usuarios de Stímulo para mostrar el momento del proceso; cada foto un encuentro y un aprendizaje.

La palabra «trabajo» viene del latín *tripalium*, que significa literalmente «tres palos» y era un instrumento de tortura formado por tres maderos a los cuales se amarraba a los esclavos para azotarlos. Puede ser que por eso haya mucha gente que rehúya el asunto del trabajo. Existen desde los que «buscan trabajo, rogándole a Dios no encontrarlo», hasta los que trabajan en un esquema de empleo de medio tiempo. Es decir, medio trabajan, medio se comprometen, medio viven. No es que yo sea un promotor de ser un adicto a la productividad y la labor, pero me ha servido mirar el trabajo, y las lecciones que ofrece, cuando se mira desde los ojos de una persona con discapacidad intelectual. Pongamos por ejemplo la venta de los tamales de la fábrica de Stímulo. Una vez al mes nuestros amigos empresarios vendían sus tamales a la hora de la salida de la escuela. Es muy confrontante ver lo que ocurre ahí. Primero mirar la cara de la madre o padre de familia que ve cómo se acerca a su coche un vendedor de tamales de Stímulo. Hay de todo, desde los que escuchan, sonríen e intentan un diálogo, hasta los que ponen cara de encuentro cercano del tercer tipo con un alienígena y compran tamales como quien adquiere el boleto para alejarse rápido y regresar a la atmósfera segura y estéril de su camioneta nueva. Por supuesto, lo más enriquecedor es conocer previamente a los vendedores de los tamales, escuchar junto con mis alumnos cómo se organizaban con ayuda de Alejandro y de otros terapeutas para ir un rato a vender lo que habían producido. Saber con detalle que para algunos de ellos, vender un tamal, que consiste en promover el producto (o sea decir, «vendo tamales»), preguntar si lo quiere el cliente, entregarlo, recibir el dinero y dar el cambio, es un proceso tan complicado como resolver ecuaciones diferenciales. Lo luminoso está en que en esta actividad tan simple, tan efímera, tan breve, está puesta toda su atención, toda su concentración, todo su ser. Por eso en Estímulo definimos la discapacidad como «la incapacidad de poner todo nuestro ser y nuestro corazón en lo que estamos haciendo». Estos empresarios con discapacidad intelectual son una organización socialmente responsable porque además de generar utilidades para sus necesidades, hace más ricos a quienes entablan un intercambio comercial con ellos. ¡Se venden tamales! ¡Oferta: en la compra de uno se incluye gratis un recordatorio para trabajar y vivir a tiempo completo, de corazón completo!

De manera frecuente recibo llamadas telefónicas de Alejandro. Siempre son sorpresivas y muchas de ellas están llenas de noticias y anécdotas inverosímiles. Que si un inquilino tuvo una reacción alérgica con el aroma desodorante del taxi, que si las gallinas del taller de huevo orgánico no ponen huevos porque son puros gallos, que si va a invitar a dar una conferencia a una amiga autista que tiene un doctorado en Antropología, que si habrá un concierto porque ya logró que los beneficiarios de Stímulo produzcan música… En fin, las llamadas con Álex son como una serie televisiva de Indiana Jones que siempre continuará en el siguiente capítulo; no se pierda el próximo episodio. A mí me alegran la vida y me arrancan sonrisas, carcajadas y, como el buen sentido del humor, me regalan reflexión y crecimiento. Mira, por ejemplo, un día estando en mi oficina de la escuela me pasan el teléfono: «Le habla el maestro Brauer». Lo saludo y me dice: «Hola, ¿cómo estás? Ya ves que andamos siempre con déficit en nuestras cuentas, pues te tengo una propuesta para recaudación de fondos. Vas a poder donar sin desembolsar un peso». Tú comprenderás que ya con cierto temor y pensando ¿qué quiere decir con eso?, uno responde: «¿Cómo está ese asunto? ¿En qué puedo servir?». La respuesta es genial: «Pues mira, en la escuela seguramente se genera basura y pagan por que se las recojan. Lo que necesito es que me dones la basura, que me la regalen. Claro, no sólo así, toda revuelta. Si la clasifican con unos criterios que te mando, ya tengo un convenio con una empresa que la recoge dos días por semana y la canaliza para el reciclado. No me puedes decir que no, amigo, te quito la basura y te ahorras el pago que haces para que la recojan y a Stímulo le pagan esos residuos que servirán de materia prima. ¿Quieres ser mi proveedor de basura?». ¿Qué puedes responder a esto? Pues claro que sí. Arrancamos el proyecto, e igual que con los otros proyectos académicos asociados con Stímulo y las locuras de Alejandro, aprendimos un montón.

Uno de los primeros descubrimientos fue que mejoró muchísimo el tema de la separación de desechos. En la escuela ya contábamos con este proyecto ecológico y teníamos botes para separar los residuos, pero batallábamos todo el tiempo porque no se respetaba la clasificación. Encontrábamos varias latas en el depósito para cartón y papel, botellas de plástico en el contenedor para desechos orgánicos y así en cada caso. Habíamos hecho todo tipo de esfuerzos, desde campañas de información, sensibilización, concursos, talleres de capacitación, con resultados muy pequeños. Lo increíble fue la gran mejora que se dio a partir de que dimos a conocer que las ganancias del reciclado se donarían a Stímulo. Me di cuenta del poder que tiene ponerle rostro a los proyectos, sobre todo en edades de niños con mentes muy concretas. Cuesta trabajo que un peque encuentre la relación que existe entre la acción de tirar una lata en el bote correspondiente y que un oso polar no se muera por el cambio climático. Es mucho más fácil entender que si separamos los desechos ya no son basura, sino materiales que tienen un valor y por tanto se pueden vender. Con el dinero que pagan por ello, se lo damos a Stímulo para que compren lo que necesiten y ya está. Además, después de unos meses, no solamente nos reportaban lo recaudado y en qué lo habían aplicado, sino que en la asamblea de la escuela nos visitaban para agradecernos y explicarnos cómo les había servido. Nuestros alumnos seguramente pensaban: «Lo que yo tiro con cuidado en el contenedor le sirve a esas personas que tenemos delante». Mucho más concreto, humano y fácil que la abstracción de salvar el planeta.

Lo que no recibo son llamadas telefónicas para invitarme, normalmente Álex me avisa en lo que ya me embarcó. «Te incluí en el comité científico de un congreso»; «Vas a ser maestro de ceremonias en un evento de recaudación»; «Te toca dar una conferencia en el encuentro de inclusión», etc. Esto, lejos de molestarme y hacerme sentir usado, es una buena señal de que soy su amigo y que cuenta conmigo.

He descubierto que a veces, más que un consejero de Stímulo, acabo siendo un cómplice de Alejandro Brauer porque me gana la risa y con sus argumentos inteligentes, razonables y creativos me vence y me conmueve. Un ejemplo de esto se dio en otro telefonazo: «Jorge, conseguí que una empresa departamental nos done un desfile de modas como evento de recaudación y necesito tu opinión como miembro del consejo de Stímulo». Hasta aquí, todo normal, ¿no? «Hay una característica que puede hacer un poco de ruido en el evento. Se trata de un desfile de modas de lencería.» Antes de que pudiera yo emitir cualquier opinión o pregunta me dice: «Creo que puede ser un éxito porque sería el primero de este tipo en Cuernavaca y además ya pensé y tengo el puente conceptual perfecto con lo que hacemos en Stímulo». Aquí, por supuesto, atención total de mi parte y silencio reflexivo. ¿Qué carambas tiene que ver la lencería con la atención a las personas con discapacidad intelectual? «A ver, Álex, explícame "porfa" el puente conceptual porque no es muy directo para mí.» «Es clarísimo, mira, el lema será "la belleza que se esconde" porque, igual que con la lencería ocultamos algunas partes íntimas pero hermosas y seductoras de nuestro cuerpo, pues igualito pasa con la discapacidad intelectual que, en términos generales, nos apena, la ocultamos. Las personas con discapacidad intelectual son una belleza que socialmente escondemos y con el trabajo de Stímulo invitamos a las personas a descubrirlas y mirar tras las normas convencionales de la moda excesiva de la razón y la normalidad. Será un evento para desnudarnos de convencionalismos y mirar lo esencial».

Fundación Don Bosco

Dice mi amigo Carlo Clérico que hay tres tipos de intervenciones sociales que responden a tres maneras de mirar la realidad social. El Clérico me las explicó usando tres personajes de Mafalda:

1. Tipo Susanita. Son aquellas actividades tipo té con pastas para que las personas pudientes hagan colectas y le repartan algo a los que nada tienen ni pueden. Se trata de una relación asimétrica en la que un grupo, desde la superioridad, ayuda generosamente a un grupo inferior. Se asume al otro como un menor de edad, permanente-

mente dependiente que no es capaz de tomar decisiones por sí mismo ni hacer nada sin nuestra ayuda. Las personas tipo Susanita viven en su mundo, casi en una burbuja. Construyen sus criterios sociológicos con base a la amplia gama de realidades sociales compuesta por su personal de servicio. Por eso no pueden entender por qué la gente sigue viajando en el metro o en camión, si ya salió el último modelo de Mercedes Benz. Se da una paradoja, porque ayudan a los otros para que las cosas se mantengan como están, sin cambiar ni cuestionar el *statu quo*. Por ejemplo, escuché a una Susanita típica explicándole a una amiga lo generosa que era porque regalaba su ropa usada y al mismo tiempo señalaba el peligro de que su sirvienta estudiara porque se iba a desubicar y «quién nos va a acabar sirviendo».

2. Tipo Libertad. El otro lado de la moneda es el suponer que para aceptarte me tengo que convertir en ti. Es el caso de quien afirma que para poder ayudar a los niños de la calle, me tengo que convertir en uno de ellos. Entonces me meto en una alcantarilla y me voy a la calle a vivir como uno de ellos. Claro, lo hago tan bien que después tiene que venir una fundación a salvarme y sacarme de la alcantarilla. Yo conozco muchas organizaciones no gubernamentales, y también dependencias gubernamentales, para la atención a personas con discapacidad que están dirigidas por personas con discapacidad. Esto no es necesariamente malo, pero tampoco necesariamente bueno. Yo creo que quien dirige una organización o pro-

grama lo debe hacer por su capacidad, no por su discapacidad. La experiencia personal, sin duda, ayuda; y puede dar un poco de sensibilidad, y también es cierto que el testimonio personal puede servir como referente o inspiración, pero no es garantía de conocimiento ni mucho menos de tener el monopolio de la razón. El asunto de fondo con el modelo de la niña Libertad de Mafalda es que confundimos la empatía con el embarre. La empatía es esa decisión de intentar ver el mundo desde la vista del otro como si fuera la mía. El embarre es confundir lo mío con lo tuyo. No distingo cuáles son mis sentimientos y cuáles son los tuyos. Me inculturizo de tal forma que dejo de ser útil para el otro porque ya soy un cómplice, codependiente, sumiso y, por tanto, le «doy el avión» y despegamos los dos de la realidad. Hay un lema de organizaciones de personas con discapacidad que dice «Nada sobre nosotros, sin nosotros», que reivindica con asertividad el derecho a ser sujeto de las decisiones y no únicamente objeto. Creo que para no caer en el sectarismo como efecto secundario del modo Libertad, hay que decir también «Nada de nosotros sin los otros». Sin las barcas de rescate y algún canal de comunicación con alguien en tierra firme o en otro barco, esta propuesta es como abordar el *Titanic* al grito de zarpemos y naufraguemos todos.

3. Tipo Mafalda. La aproximación de Mafalda es esa visión crítica pero alegre que permite abordar los retos sociales analizando e incidiendo en las causas y estructuras, sin quedarnos en los síntomas. Es un reto a la inteligen-

cia lineal que sirve para descubrir fácilmente una causa y sus efectos simples porque invita al pensamiento sistémico en el cual uno se va dando cuenta que la realidad es multifactorial y compleja, con varias causas que tienen efectos que no son inmediatos y que se entretejen y enredan como los cables de los foquitos del árbol de Navidad cuando los sacas de la caja. Claro, frente a esta complejidad es difícil que una sola persona tenga «La Razón» o todas las respuestas, por eso también es una invitación al diálogo, al verdadero encuentro de igual a igual de donde se van construyendo mejores respuestas y se va entretejiendo el nosotros amplio. Mafalda propone mirar al otro con respeto, como un adulto con sus capacidades y fortalezas y por supuesto también sus retos pero, sobre todo, también a nosotros mismos. Aprendo de mí en la relación contigo, me hago más persona. La visión mafaldesca nos da perspectiva para ver las estructuras que generan los problemas sociales y con ello saca a flote y cuelga frente a nosotros, como radiografías, los paradigmas, los modelos mentales y los razonamientos que están detrás de esas estructuras. Normas sociales y convencionalismos invisibles toman color y pueden ser cuestionados y transformados. Vamos buscando causas y razones y no únicamente culpables y coartadas.

Tengo un amigo muy mafaldesco en su manera de pensar, de vivir y de proponer proyectos. Se llama José Antonio Sandoval y es el fundador de la Fundación Don Bosco en

Cuernavaca. La misión de la Fundacón es: generar y orientar procesos de transformación social con y desde los jóvenes y niños a través de brindar educación y de impulsar procesos comunitarios.

Me pasaba que, cuando escuchaba eso de generar y orientar procesos de transformación social, de forma automática pensaba que esos cambios sólo se podían lograr desde algún puesto político o de otro espacio de poder. En la Fundación Don Bosco he aprendido que ése no es el único camino, es más: normalmente no es el camino. De manera más concreta, contundente y poderosa he visto cómo los jóvenes dan ejemplo de que con las condiciones adecuadas de cariño y compañía, las semillas de sus sueños florecen y pueden salir al mundo a enseñarnos a todos cómo se puede transformar el entorno con la revolución silenciosa del testimonio y la conversión personal.

Gracias a mi amigo Toño conocí y puedo dar fe de este proceso en la comunidad de San Antón en Cuernavaca. Este lugar era considerado como una de las colonias más peligrosas de la ciudad. La presencia de bandas juveniles atemorizaba a la población y estas bandas eran generacionales, es decir, la aspiración y la realidad para muchos niños y jóvenes era convertirse en miembros de la pandilla, como lo habían sido sus papás, tíos, primos o hermanos mayores. Este lugar también era uno de los centros de distribución de droga de la ciudad. Con trabajo, determinación, cariño, valor, perseverancia y a través del diálogo que vincula, Toño fue una especie de catalizador social y logró que en la calle se reconciliaran y se estrecharan la mano bandas que llevaban más de 40 años de enfrentamientos. Este acontecimiento sirvió como un reloj despertador a la conciencia del resto de la comunidad, que se decía: «Si estos muchachos pudieron reconciliarse y empezar a resolver sus dificultades de manera pacífica, ¿nosotros no podremos hacerlo en nuestras familias y grupos sociales?».

Ése es el origen de la Fundación Don Bosco que se crea para ser un apoyo a esas comunidades que quieren responder a esa pregunta y ofrecer una manera de convivir más funcional y un mejor futuro para sus miembros. Toño y los diferentes integrantes de la comunidad de San Antón reflexionaron juntos cómo ir enfrentando sus retos y cómo resolver los problemas de la manera más inteligente posible. Descubrieron que había una gran deserción escolar y que la educación es una gran palanca para el desarrollo personal, familiar, comunitario y social. Por eso el primer objetivo fue reducir la deserción escolar ofreciendo apoyos directos a los jóvenes para continuar con sus estudios. Un lema de la Fundación es que «Ningún joven se quede sin estudiar por falta de recursos económicos».

Un aspecto muy importante para ésta, y cualquier otra comunidad, es la credibilidad y que estos objetivos y lemas se vean respaldados con acciones y hechos concretos. Nuevamente algunos testimonios explican esta reconstrucción de la credibilidad y el prestigio de la Fundación Don Bosco. Como ejemplo podría destacar que conozco a jóvenes que han pasado de ser miembros de una banda violenta, sin mayor aspiración que sobrevivir, demostrar ser más fuerte que el otro y ganar dinero fácil, a ser licenciados o ingenieros graduados de universidades prestigiadas. Esta alquimia mágica no solamente transforma la vida de cada una de estas personas, sino que sus testimonios son un rotundo «NO» al determinismo de la desigualdad social.

Esta rebeldía frente al fatalismo de la inmovilidad social, esa combinación de utopía con pragmatismo, como quien vuela una cometa con los pies en la tierra, logra que los niños y jóvenes puedan poner su mirada en horizontes más altos con la fuerza de su estudio. Esta inteligente locura ha convocado a miles de personas a participar de diferentes maneras en la Fundación Don Bosco. A mí, en lo particular, me ha motivado para ser miembro del consejo académico junto con otros amigos. Es muy divertido, algunos dicen que nuestras reuniones de trabajo son tertulias y tienen razón; es como la sociedad de los poetas muertos, pero son muy productivas y, con la alegría que tiene que ser el sello de un educador de Don Bosco, abordamos el reto de fortalecer y profesionalizar a la Fundación sin que se pierda el espíritu y la motivación original, es decir, ayudar a que las comunidades sean capaces de construir su proyecto y ejercer su derecho a soñar un mejor futuro. En este sentido, Toño, mi amigo mafaldesco, también me enseñó que existe una pobreza adicional a la alimentaria, de salud o educativa, me refiero a la pobreza de identidad comunitaria. Este componente parece intangible y por ello pasamos de él y lo damos por hecho, pero creo que si miramos lo que provoca ese «intangible» en nuestras vidas, vemos que toma cuerpo y hasta sentimos cómo nos toca y nos moldea. En una comunidad, Eduardo Garza me enseñó que:

a) Aprendemos cómo se comparte la vida, las alegrías, las tristezas y los sentimientos. No simplemente estamos juntos para satisfacer necesidades, sino para hacernos personas.

b) La pertenencia a una comunidad está centrada en el sustantivo, en nuestro ser y no únicamente en el adjetivo de lo que hacemos.

c) Cada persona suma a la identidad total y es imprescindible y no sustituible.

d) Uno se siente obligado con el bienestar propio y del prójimo porque primero se ha ligado con él. Los vínculos ligan nuestra existencia y nos ayudan a mirar y descubrir personas para no «cosificarlos». No hacerlos cosas, matrículas, adjetivos, casos, alumnos, maestros o cualquier otro adjetivo.

De ser así, ¿cómo se construye ese campo de juego común que invita al encuentro y no al encontronazo? Esa comunidad que incluso cuando la regamos, nos abraza y nos recuerda que, frente a los adjetivos con que la sociedad nos pueda etiquetar, lo importante es el sustantivo de nuestro nombre. ¿Qué necesitamos para tener seguridad y certezas en nuestro ser y valer, para distinguirlos de nuestro hacer? ¿Cómo aprenderemos a distinguir y recordar el valor de una persona por arriba de sus errores o aciertos? ¿Cuáles son esos espacios de humanidad donde aprendes que eres único, irrepetible, imprescindible?

En términos generales, ese primer lugar donde tu nombre suena de manera especial y aprendes, comprendes, respiras y experimentas la forma de convivir es la familia. Por lo menos así debería ser esta realidad en donde no solamente se aprende la relación con otro y se fomenta una seguridad fundamental, sino que además se inicia con el alfabetismo emocional. La capacidad de poder sentir, identificar y nombrar las emociones. Dicen que quien nombra manda. Si no damos un significado claro a nuestra subjetividad, podemos ser secuestrados por impulsos instintivos. En la medida en que podamos determinar con mayor claridad qué nos dice nuestro organismo, nuestros sentimientos pueden ser una muy buena pauta para identificar qué necesitamos y así solicitar ayuda para satisfacer nuestras necesidades de una manera más funcional.

Por ejemplo, si recordamos algún momento en que hayamos sentido furia, mucha rabia, ¿qué sentimos en el fondo? Si nos fijamos con un poco más de detalle, es muy probable que detrás de esa primera sensación descubramos que sentíamos miedo o estábamos profundamente asustados. Todas las emociones pueden verse como una invitación a la acción. El miedo, por tanto, puede impulsarnos a defendernos, a alejarnos del otro que me amenaza y a quedarnos solos. Cuando este miedo, resentimiento y frustración no son contenidos y procesados, se dispara la violencia que se reproduce en los distintos ambientes de la vida en común: la familia, la escuela, el espacio laboral y el espacio comunitario. Pero el miedo también puede crear comunidad porque invita a pedir ayuda. Esta mayor conciencia emocional puede ayudar a mirarnos de manera más compasiva, primero a nosotros mismos y, gracias a ello, también a los demás. ¿O acaso no es más fácil ayudar a una persona (o a nosotros mismos) asustada o con miedo que a un furioso? Uno genera compasión y el otro da miedo o enfurece.

¿Quiénes nos pueden ayudar y enseñar esa alquimia de rabia en compasión, a transformar las diferencias en comunión? Hay varias propuestas y modelos. En todos ellos creo que la característica común es el encuentro con personas significativas como punto de partida fundamental. Esos «tutores de resiliencia», como los titula Boris Cyrulnik. Esas personas capaces de darnos contención; es decir, capaces de convertirse en un continente de nuestras molestias, dudas, temores, desconocimiento y angustias. Esas figuras (papá, mamá o quien funja como tal) que pueden recibir cualquiera de nuestras emociones, ansiedades o angustias, digerirlas, «metabolizarlas» y regresárnoslas en un nivel más funcional y útil para crecer. Esta función emocional de la contención y el modelaje con el ejemplo que se vive en el entorno familiar, pueden ser elementos detonadores de la revolución silenciosa de la paz. Ahí en torno a una mesa, compartiendo una cena, haciendo una tarea, es donde se pueden estar formando personas capaces de resolver conflictos de manera pacífica en nuestro mundo. Sembrando en el invernadero

de amor de nuestros seres queridos para hacer florecer y po-
linizar a otros con semillas de comprensión, perdón y re-
conciliación.

Otro ámbito fundamental en el desarrollo de la identidad comunitaria de una persona puede ser la escuela. Éste
es uno de los primeros espacios donde aprendemos y ensa-
yamos a socializar con personajes que ya no son de nuestra tribu inmediata. Especialmente cuando este espacio se
entiende como una comunidad de formación y aprendizaje. Es decir, en una verdadera comunidad educativa no
sólo aprendemos a socializar, sino que también nos vin-
culamos en profundidad con otros a los que descubrimos
como amigos. Nos ofrece una identidad, podemos aprender a hablar de un «nosotros». Somos parte de un grupo del
que nos beneficiamos y al cual también enriquecemos con
nuestro ser. Frente a un mundo idolatrador del individualismo posesivo, en el recreo, con la banda, aprendes a decir de manera subversiva «un, dos, tres por mí y por todos
mis compañeros».

Una comunidad educativa como la que propone Toño
y que se vive en la primaria, secundaria y preparatoria de
Don Bosco, es aquella donde ponemos en común el interés
por el desarrollo y florecimiento de nuestros niños. Es el eje
sobre el que giramos los demás integrantes en órbitas que
los cuidan y los observan desde todas las perspectivas. ¿Será
una utopía de Toño el proponer que nuestra sociedad y las
comunidades que la conforman pudieran diseñarse y fun-
cionaran teniendo como punto de partida y objetivo cen-

tral el desarrollo sano de nuestros niños? En África existe el proverbio de que «se requiere a toda una aldea para criar a un niño».

Esta visión de comunidad implica, entre otras cosas, crear una conciencia asertiva que nos disponga a ser actores propositivos en las instituciones educativas, para generar dentro de ellas una cultura de paz que se transmita al resto de la sociedad por medio de todos los protagonistas de este proceso. Esta inspiración es lo que ha impulsado al Instituto para la Paz de la Fundación Don Bosco a adjetivar a las Comunidades Educativas como Libres de Violencia. El objetivo de este programa es: «**Formar una comunidad educativa libre de violencia, cuyo ambiente y manera de socializar sea armónica e incluyente, basada en valores**».

El trabajo en las instituciones educativas es un **proceso permanente** en donde todos los involucrados del proceso educativo —alumnos, docentes, directivos, administrativos, padres de familia y personal de servicios— se convierten en agentes de cambio que puedan hacer de las comunidades educativas un espacio libre de violencia.

La construcción de una comunidad educativa libre de violencia es un proceso colectivo donde los involucrados pueden des-aprender el lenguaje de la violencia. Las escuelas se convierten en espacios verdaderamente educativos para una pedagogía social de la paz. Un laboratorio con las condiciones ideales para cultivar nuevas fórmulas de relación interpersonal que contagie a otros ámbitos y se pueda disparar una auténtica epidemia positiva de paz.

Lo paradójico es que la construcción de comunidades y la visión mafaldesca, crítica y a la vez propositiva de la realidad, no están exentas de problemas. De hecho, he visto que es una buena manera de meterse en problemas porque, aunque sea de manera no intencional, se pisan callos y se afectan intereses. ¡En las que se ha metido mi amigo Toño por andar en la promoción de la paz y las comunidades! Ha recibido cuestionamientos y hasta amenazas, lo cual creo que fortalece su credibilidad y da testimonio de que eso de ser inteligente requiere, además, ser valiente para no traicionar las convicciones. Toño es incómodo para algunas instituciones que se anquilosan y temen el cambio, o sea, tienen miedo a la vida, a lo vital. Para ellas, un fulano como Toño es una amenaza porque cuestiona la inmovilidad o la inercia social. Para algunas instituciones, y para la sociedad en general, yo lo veo como un dolor de muelas, molesto pero necesario y útil. Alerta para identificar las caries que se van produciendo, lentas, silenciosas, ocultas y que van mermando la salud de las personas y las comunidades y que, si no son atendidas, nos limitan y nos impiden nutrir la vida de esperanza.

Pues en resumen eso son mis amigos, esos locos útiles, nutriólogos sociales que le buscan dar un nuevo balance a la vida social y aportan un montón de calorías a la amistad. Les agradezco la energía que me regalan con su testimonio y ojalá me sigan motivando a que en mis encuentros con cualquier persona, pueda seguir transformando mi mirada de tal manera que, como dice mi amigo Carlo Clérico, sea una mirada reverente. Cuando vea al otro, pueda ver toda su historia, escuchar su contexto y tocar sus razones. Entonces podré hacer una reverencia a su humanidad y como dice Serrat:

Huirán al exilio el miedo y la soledad
la muerte perderá por dos a cero.

9. REVIVIR: Tere

Hay momentos o situaciones de la vida que se narran en tiempo pasado, por ejemplo decir: le conocí, me caí, me entusiasmé, me enamoré, competí, aprendí, etc… Éstas son notas, anécdotas que por supuesto forman parte de la biografía, pero parecen presentadas como en un formato museográfico, con su dosis de nostalgia y su ficha técnica para la contemplación. Además como que parece que ya no son vigentes y que la acción que narran terminó. Recuerdos fosilizados que en ocasiones enterramos con el olvido, otras veces con la negación y en algunas ocasiones con la vergüenza.

Nada más lejos de eso resulta vivir y ser persona, pero sobre todo vivir y ser persona con alguien. Claro, no se trata de cualquier alguien, sino de esa persona que te invita a vivir cada día y cada momento como único y muy preciado. Esa mina de permanente descubrimiento que te va enseñando que la búsqueda es el hallazgo y, como dice Jaime Sabines, hace que tu corazón te diga que no vas a encontrar, pero buscas, no encuentras, buscas. Esa visitante que entra en tu vida por la puerta del amor, es decir, de la decisión y del azar. Esa navegante que te invita a su tripulación para zarpar e ir al océano de las aventuras, en la búsqueda de islas desconocidas como las que describe José Saramago. Esa frontera en el límite de la razón y el portal del misterio. Ese motivo para ser un poco mejor y conjugar de mil maneras el verbo del amor. Ese conjuro contra la muerte, para que sea derrotada, transfigurada, trascendida al revivir en el cariño en su mirada.

Como soy un alumno de procesos lentos, he tenido a lo largo de mi vida que aprender a mirar y a descifrar el cariño de las miradas despacito, poco a poco. Te lo platicaré como una historia breve con tres capítulos de los cuales el último, como lo describí en el párrafo anterior, es uno de los ejes de la rueda de mi vida, ilusión vigente, aventura viva, con horizonte y promesa de futuro.

Capítulo 1. Ser observado

Una sensación muy complicada es el salir a la calle las primeras veces en tu silla de ruedas. El asunto, evidentemente, no es la silla, es uno mismo. Recuerdo que me asaltaba la paranoia de sentirme objeto de atención y percibía que todo el mundo se volteaba a ver. Entre más fregado y triste te sientes, más notas que muchos pares de ojos te observan. Lo cual, objetivamente, es una estupidez porque si estuvieras tan fastidiado, nadie se volvería a mirarte, pero creo que la mente es tramposa y usa mecanismos de defensa un tanto raros. Esta estrategia es de compensación, igual que una balanza el ego busca su equilibrio, al menos eso creo que me pasaba. Me sentía tan poca cosa, tan insignificante, como esa película de un hombre que se va haciendo cada vez más pequeño. ¿Te acuerdas? Ya ni las demás personas lo pueden escuchar, ni ver. Para compensar esta imagen de inferioridad, te das importancia y te pones en el centro de un escenario que solamente existe en tu cabeza. Lo grave es que el resultado de ese teatro no se agota en tu subjetividad. No es únicamente una locura que se queda dentro de ti. Esta idea se convierte en una profecía porque los ojos no solamente reciben luz y estímulos del exterior, también son ventanas que proyectan hacia afuera nuestra película íntima. Siendo así, al asumirme yo como una realidad menor, lograba que los demás me miraran de arriba hacia abajo, con esa relación asimétrica; aunque, por supuesto, así confirmaba mi hipótesis y, sin mucha conciencia, yo aprovechaba las migajas de unas miradas compasivas.

Capítulo 2. Mirar con miedo y confusión

Tuve momentos en que giraba la vista hacia una chava y me asaltaba la ansiedad. Pensaba: «Ni me gusta, ni me interesa, pero es la última estación y, si no es con ella, me voy a quedar solo el resto de mi vida». Estos conatos de relación, por supuesto, no llegaban a ningún lado porque las relaciones desde la lástima no funcionan. Lo más que puedes conseguir es una codependencia poco digna y disfuncional. Por miedo a la soledad establecer una relación de pareja puede ser muy peligroso: parece que estás dispuesto a aceptar limosna de cariño y, a la vez, ser una especie de tranquilizador de conciencia para una mujer que te está salvando de tu triste situación. Si te sientes un sapo y esperas el beso salvador de una princesa, lo más probable es que los dos terminen en plan rana.

Capítulo 3. Aprender a ser mirado y a mirar

¿Recuerdas que te narré que entré a estudiar al Tec de Monterrey la licenciatura en Administración de Empresas? Pues entré superconfundido, pero según yo, ya estaba muy rehabilitado. Para ese momento ya podía hacer muchas de las actividades de la vida cotidiana por mí mismo, ya podía manejar, subir mi silla de ruedas al coche, escribir, etc.

Sin embargo, no estaba tan rehabilitado como yo pensaba porque desde el primer semestre de la carrera me encontré una mirada que me llamaba poderosamente la atención. Cuando esto pasa, normalmente tú esperas que tu mirada también le llame la atención. Conmigo no ocurría eso porque yo no dejaba avanzar esa relación y, en el fondo y sin mucha conciencia, me decía a mí mismo: «¿Cómo alguien puede fijarse en mí estando así?».

Me costó mucho trabajo aprender que hay quien puede aceptar aspectos de ti antes que tú mismo. Éste es el amor que fortalece porque te muestra que tú también podrás aceptarlos en algún momento. Me di cuenta que había quien no se quedaba mirando únicamente el marco con ruedas que yo llevo, sino que centraba su atención en el cuadro que se estaba esbozando y que, además, no se quedaba como crítica de arte, sino que estaba dispuesta a pintarlo conmigo. Esos ojos, esa mirada que me regala vitalidad y amor se llama Tere y es mi esposa, es mis piernas, mis manos y como dice Benedetti «mi amor, mi cómplice y todo». Mi Tere es una gran maestra que me enseña algo todos los días. Creo que la lección más importante es dejarme revivir en la ilusión, en el cariño y en el amor y hacer de lo cotidiano una aventura.

Podría decir que de Tere me enamoré cuando estudiábamos la carrera de Administración de Empresas, pero esto sería un poco impreciso. Es más cercano a la realidad decir que me empecé a enamorar de ella en la universidad y que cada mañana me regala la oportunidad de revivir esa chispa, esa sonrisa y ese reto de ser un mejor Jorge.

Esta historia comenzó en la muy romántica y sensual clase de estadística, donde yo sentía muy pocas probabilidades de que Tere me hiciera caso y prácticamente ninguna de que me convirtiera en alguien especial en su vida. Pero, ya ves, el amor, la vida y el azar germinan hasta en el mundo árido, exacto y frío de las matemáticas. Entre fórmulas y cifras nos fuimos conociendo. También había apuestas en contra. Algunas personas –de esas que por falta de ocupación andan con la preocupación de la vida ajena– ofrecían sinceras advertencias a Tere y hacían pronósticos sobre las complicaciones en la relación que se derivarían de mi condición física. Me imagino perfecto a Tere con su blanquísima sonrisa agradeciendo las observaciones y por dentro escuchando a su corazón, confiando en su intuición y sabiendo cuál era su decisión. Tal vez cada una de esas personas tenía la razón pero, con su dulce y firme testimonio, Tere ha ido mostrando cómo se pueden encontrar múltiples razones para confiar, querer y apostarle al flaco éste. Así es y me gusta: con ideas fijas, congruente y de mentalidad independiente.

Por lo que te he platicado y por muchas razones más, te darás cuenta que puedo decirme un gran suertudo. La vida no siempre es justa, no siempre te da lo que te mereces o lo que te has ganado, a veces te da más y por arriba de la justicia y el mérito, se las da de generosa. Cuando esto ocurre, yo creo que hay que dejarse querer, agradecer y repartir el gozo que provoca. En mi caso, no solamente me encontré a Tere guapa, inteligente, sensible y divertida. Por si fuera poco, detrás de ella había un regalo adicional: una familia cariñosa, prudente y cálida en la que me he visto como un miembro más desde la primera vez que crucé la puerta para entrar a esa casa que han hecho sentir como mía.

Esta apertura y cariño no se pueden dar por hecho cuando has tenido la oportunidad de ver la expresión de algún padre de familia que se entera de que su futuro yerno no camina, sino que rueda. Se le congela la sonrisa, se le enfría la mirada y pone a invernar sus emociones para emitir alguna gélida frase en tono de pregunta: «¿Hija, ya lo pensaste bien?» y esto es lógico. Los príncipes azules llegan cabalgando a caballo, no rodando en silla de ruedas.

El papá de Tere se llama Pepe y su mamá también se llama Tere, y son diferentes. Yo me he sentido muy querido y aceptado por ellos; desde que me conocieron me han mirado a los ojos de frente, con la sinceridad y la buena onda que los caracteriza. En lo que respecta a la relación con Tere, me han enseñado que, como papás, la atención no se debe dirigir a la capacidad o discapacidad de un yerno, sino a la sonrisa de Tere. Es un buen termómetro para la vida, ¿no te parece? Usar la felicidad de sus hijas como criterio para evaluar las situaciones que se presentan. La accesibilidad para la entrada a esa casa no era un asunto de rampas o elevadores, la llave de entrada era más retadora, más humana, más inteligente y era simplemente el brillo en los ojos de Tere. Como ella es de sonrisa integrada y de un entusiasmo alegre inherente que le enciende la mirada como los faros de un coche, pues yo me convertí en un hijo más de esa familia acogedora.

Conocer a los papás de Tere me ha servido para conocerla y entenderla más a ella y, además, para valorar el regalo del testimonio de sus papás. De su mamá, entre otras cosas, creo que ha heredado la vitalidad y la vocación de servicio. Tere mamá es inquieta como una colibrí en un campo de flores que va para allá y para acá sin detenerse a descansar y anda buscando en qué puede servir y atender a los demás. Es como un caramelo, dulce pero firme. Es dulce y cariñosa en su trato, pero firme en sus convicciones y sus ideas. La quiero.

Pepe es como su nombre: directo, sincero y muy, pero muy divertido. Me parece que Tere, de su papá aprendió esa capacidad crítica para cuestionar las cosas con agudeza, con inteligencia y sobre todo con independencia de pensamiento. También la sabiduría que surge de tener las prioridades claras, saber que la familia y los seres queridos son lo más importante para no dejarse embrujar con los cantos de sirena de la fama, el poder o la riqueza. Si lo conoces descubrirás inmediatamente que tiene un sexto sentido muy desarrollado. Es interesante eso de tener un suegro con un sentido adicional. ¿O no es así? Pepe ha cultivado el sentido del humor toda su vida y tiene la capacidad de reír y ayudarnos a reír para amortiguar con mayor sabiduría los problemas. Yo estoy convencido que esa virtud es la clave que le ha permitido enfrentar con resiliencia, con estoicismo, sin amargura, cada fin de semana, el resultado del Club América, su equipo de fútbol.

Por otro lado, me he hecho con dos hermanas. El amor me las regaló por dos caminos diferentes. Una se llama Mayte y es la hermana de Tere. Es emprendedora, educadora y encantadora. Dirige una escuela y comparte con Tere y conmigo la vocación de ser maestra. La quiero porque ha sido una promotora de «el proyecto Tere y Jorge» desde que nos conocimos. Es fortalecedor para el matrimonio contar con el cariño y la complicidad de la cuñadita, sobre todo cuando es como Mayte, de quien he aprendido cómo se pueden tomar decisiones importantes con valor y determinación para emprender y florecer.

La otra hermana me la regaló mi hermano, el inge Serch. Se llama Aline y es su esposa. Igual que Mayte, también es bien emprendedora. ¡Oye, estoy rodeado de mujeres trabajadoras! Constituyen toda una revolución femenina las hermanas que adquirí y mi Tere. Bueno, el asunto es que a Aline la conozco desde que era bien chica y me da gusto que comparta con mi hermano la pasión por el esquí y esa capacidad para hacer empresa. Me ayuda ver cómo han ido construyendo con trabajo, con esfuerzo y con cariño la empresa más importante: la empresa de su familia. Además, tiene la gran cualidad de ser alegre y generosa; regala su presencia, su sonrisa, su entusiasmo, regala lo más valioso, su ser y su querer.

Ya ves, bien reforzados con esta compañía, podemos ir Tere y yo en la aventura de la vida y del amor, buscando razones y sinrazones para seguir diciéndonos uno al otro, cada día como Neruda: «Quiero hacer contigo, lo que la primavera a los cerezos… Florecerlos».

10. RENACER: Pablo

Estimado lector, si has leído hasta este punto del libro, te debo decir dos cosas:

Primero, gracias, gracias, gracias, por tu generosidad, por tu compañía y por tu interés en compartir mis experiencias y aprendizajes.

Segundo, perdón, perdón, perdón. Te ofrezco una disculpa y te confieso que este libro lo escribí en realidad para una sola persona. Para el más importante de mi vida, para mi hijo Pablo. Claro, mi ilusión al compartirlo contigo es que te pudiera ser útil alguna idea, locura o reflexión. Con toda sinceridad, espero que te guste.

Te comparto parte de mi experiencia de ser papá y algunos de los aprendizajes que me ha regalado Pablo desde la sencillez y el testimonio de ser niño y de ser hijo.

El descubrimiento de la espera

Soy un poco desesperado, en ocasiones un tanto impaciente, por lo cual comprenderás que uno de los primeros espacios para el descubrimiento interior fue justamente el de la espera.

Esperar es prepararse, imaginar el futuro, hacerse una imagen de lo que será. Esperar un regalo inesperado. Recibir la noticia de que estábamos embarazados fue como descubrirme en una plataforma de diez metros, a punto de lanzarme un clavado a una aventura fantástica. Me encontraba de pronto ahí. Por una parte, era como un ascenso donde íbamos Tere y yo escalando en las ilusiones y en el entusiasmo. Por otra, también como una enredadera que crecía apoyada en mis temores y sustos. Desde esa altura uno se asoma y siente vértigo. Esto es divertido y es la maravilla del complemento de ser pareja y de vivir el embarazo en plural. A mí la verdad es que se me hacía un hueco en la barriga ante la sola idea de convertirme en un padre responsable, y Tere se ponía cada vez más bonita con una panza redonda llena de vida.

El embarazo y los meses de espera correspondientes son muy buenos para ir conociendo al futuro habitante del planeta y creo que también lo son para ir conociéndote más a ti mismo. De Pablo íbamos recibiendo noticias en cada visita al ginecólogo. Que era niño, que estaba sano, que su corazón y su cerebro se formaban bien, etc. Yo veía el ultrasonido y pensaba: «¡Qué capacidad de inventiva tienen los médicos!». Un ultrasonido es como ver la tele sin antena en un día de lluvia. No entiendes nada, pero de esos datos vas llenando la espera. Me di cuenta de lo necesario que era para mí completar la ambigüedad con la mayor cantidad de información posible. Leía libros, veía los estudios, preguntaba sobre los ultrasonidos. Con cierta sorpresa, descubrí que más que mirar y leer para tranquilizarme, me sirve escuchar. Escuchar el corazón de Pablo fue y es una de las mejores terapias que he encontrado.

Bienvenida y presentación

Con eso de que uno se va a convertir en papá, se escuchan todo tipo de comentarios. Uno que se me grabó fue: «Cuando te pongan a Pablo en los brazos, vas a sentir que siempre lo has conocido». Nada más distinto a lo que me pasó. Cuando nació Pablo, como buen padre postmoderno, entré al parto. Entré con un cúmulo de emociones, me moría de la curiosidad de conocer, ver la cara del productor de esos latidos que había escuchado en una de las consultas a través de una bocina y que me aceleraban el pulso, como queriendo igualar al suyo. ¡Oye, el corazón del Pablo cuando estaba en la panza de su mamá iba rapidísimo! Cuando salió y después de que Tere lo abrazara, me lo pusieron en los brazos. Cuando lo miré, chiquito, frágil, precioso, sentía que más que conocerlo desde antes, la vida nos presentaba uno al otro: «Señor Pablo Font, le presento a su papá; señor papá, le presento a Pablo». Comenzaba a nacer una relación, se daba a luz un encuentro lleno de potencialidades para que Pablo, Tere y yo construyéramos juntos una historia; para escribir nuestra familiografía.

Salimos del hospital el 5 de febrero, una fecha especial porque es el aniversario de la Plaza de Toros México. Siendo así las cosas, pues el Pablo salió acompañado de su cuadrilla, por la puerta grande; y no salió en hombros, pero sí en brazos, vestido con un terno blanco, como usan muchos de los toreros para tomar la alternativa. El traje de Pablo era un pijama blanco que no tenía pasamanería de oro, más bien tenía unos osos bordados, pero enfundado en una especie de capote de paseo, salimos a la plaza pública.

Llegando a casa lo recibió el olé cariñoso del resto de la familia. Pablo partió plaza e iniciamos esa faena, la que se da en el ruedo de la vida y que, según entiendo, no termina nunca. Ser papá y hacerse mejor persona, volverse aprendiz de mi hijo y ensanchar mi alma con su presencia.

Asombro, mirar las cosas por primera vez

Pablo es un boicot a la rutina, se le ocurren cosas divertidas todos los días y además, como todo niño en desarrollo, cuando sientes que ya le entendiste, crece y cambia. Esto me hace ver que ser papá es un proceso permanentemente inacabado y reconozco que me gusta ser aprendiz de Pablito. Con él he visto muchas cosas por primera vez: el amanecer de cada día, la luna, las estrellas, las moscas, el perro, la caca del perro, las flores, los pericos, los tiburones. Busco que su capacidad de asombro me contagie y he visto cómo se vive esa paradoja que ser papá es ser niño otra vez. A través de sus ojos es fantástico poder decirle a la vida cada mañana *buongiorno principessa!*, así he descubierto cómo en la vida uno puede nacer muchas veces. Yo nací el 16 de noviembre de 1968; volví a nacer el día que me caí, el 8 de marzo de 1988; volví a nacer en la mirada de Tere el día que la conocí; volví a nacer como esposo de Tere el día de mi boda y empecé a nacer como papá de Pablo Font el 2 de febrero de 2004.

El equipo

Por lo anterior, es incompleto decir que Pablo nació el 2 de febrero de 2004, porque junto con él, nacimos muchos otros a su alrededor. Nació Tere como mamá, yo como papá, nacieron abuelos, tíos y primos. Las que eran ramas del árbol genealógico se convierten en troncos fuertes para dar la bienvenida a un retoño nuevo. Yo creo que tiene un equipazo que lo quiere y lo acompaña. En particular sus seis primos hacen un grupazo muy completo y complementario. Te presento a los integrantes de esta orquesta y algunos de los toques de sonoridad que le pone cada uno a la partitura de la vida:

Primero las niñas. La mayor y la menor de los primos son niñas. La grande se llama Emiliana y la más chica Martina, aunque se les conoce como Emi y Marti. Emi es alta, guapa, dulce, sonriente y es la más sensata de su familia. Marti es chiquita y bonita con un carácter y una personalidad que no coincide con su tamaño. A pesar de que son diferentes, tienen en común ser al mismo tiempo cursis y rudas. Las dos bailan ballet y son también futbolistas; al estar rodeadas de hermanos, no les quedaba de otra.

Los primos grandes. Diego es un disfrutador exigente y un entusiasta que le pone sabor a la vida: cocina y disfruta del sabor. Organiza y contagia a los demás de sus planes, por eso es amiguero, comparte el sazón y el gusto por hacer las cosas bien y lo demuestra esquiando.

Francisco es sensible y apasionado, también vive con intensidad. Fran es bondadoso y generoso, por eso es un buen amigo que acompaña y concilia. Tanto en el «fut» como en su vida, sabe hacer equipo y enfrentar los retos con congruencia.

A Patricio le decimos Pato y tiene una inteligencia kinestésica muy especial; dicho de manera más simple, su cuerpo le obedece muy bien. Esquía, juega «fut», corre y hace increíbles piruetas. Además es competitivo y fuertemente divertido. Cuando hace algo que le gusta hace unos bailecitos de celebración buenísimos. Es cariñoso como oso de peluche, entrañable y cercano.

El primo chico se llama Luciano pero, para que nos dé tiempo de hablarle mientras pasa, le decimos abreviadamente Lu. Decirle Luciano es asumir que ya pasó corriendo y no tuvo tiempo de escucharte. Lu es activo, intrépido y creativo, por eso ya lo hemos tenido que reparar, enyesar y atornillar en más de una ocasión. Irradia energía, buena onda y ganas de vivir y sólo de pensar en él, hace que se me dibuje una sonrisa.

Con esta banda va Pablo enriqueciendo su repertorio de notas, de armonías, de melodías. Oye, y cuando se juntan todos, se hace una sinfonía bien variada que a su estilo, un tanto estridente, interpreta la oda a la alegría.

Momentos de apoyo y lecciones de liderazgo

Estar rodeado de un equipo no sólo enriquece la vida de Pablo, también representa un refuerzo y una sensación de apuntalamiento para su papá, o sea, yo. Te confieso un cuestionamiento que me atrapaba, de esos que te surgen frente al espejo mientras te afeitas o te peinas, de los que es difícil escapar porque te afeitas o te peinas a diario y te encuentras al mismo interrogador. Esa preocupación que me atacaba y me provocaba angustia, como un vértigo de quien se tira de clavado en sus temores, era la lucha que se libraba en mi interior por la aparente contradicción de ser dependiente de otros por mi condición física y la responsabilidad de una personita que es dependiente de mí, por lo menos en algunos aspectos. ¿Cómo integrar la idea de ser dependiente y a la vez sentir que alguien depende de mí? No tengo respuestas definitivas pero creo que la pareja, la paternidad, la familia y los amigos son un camino permanente de interdependencia donde cada uno crece y se desarrolla en función de ayudar a crecer y desarrollarse a los otros. Te comparto una anécdota donde se ilustra cómo he ido descubriendo esta respuesta y he intentado deshacer este entuerto.

Desde que Pablo era bien chico, me acompañaba a esquiar y yo siempre le preguntaba: «¿Pablo, quieres esquiar?». De manera inmediata, contundente y sin duda, él respondía: «Claro que no». Esto ya te resultará divertido y claramente indicativo de las incongruencias de un padre deportivo que por un lado dice «que los niños crezcan y vayan decidiendo su camino» pero que por otro anda insistiendo para ver si el chamaco se anima y se entusiasma con el mismo deporte y esquía. Bueno, el asunto es que cuando Pablo tenía como unos tres años fuimos un fin de semana a entrenar, como cada ocho días. Estando en el muelle de salida y a punto de intentar mi ya tradicional pregunta de «¿Pablo, quieres esquiar?», se acercó Sergio en su lancha y fue él quien lanzó el cuestionamiento. Lo planteó igualito: «¿Pabolino, quieres esquiar?». Tú comprenderás que a misma pregunta, misma respuesta, «claro que no». Pero, como Sergio es un tío respetado, querido y admirado por Pablo, con el que juega a las luchas, se sube a la moto, echan brincos, ataques de cosquillas y otras actividades que a mí se me dificultan un poco, pues el inge Serch le insistió y le dijo: «Pablo, es el momento». La expresión de Pablo se llenó de duda y le respondió con otra pregunta: «¿Es el momento, Serch?». Sergio sin titubeos le respondió: «Sí, es el momento. Vete a la bodega por tus esquís de tortuga porque vas a esquiar».

La siguiente escena la tengo plasmada en una fotografía donde se ve a Pablo con unos esquís amarrados, al lado de la lancha sostenido y tirado por Sergio. La imagen de Sergio es de fortaleza, de firmeza, de cercanía, de cariño, de certeza, de seguridad. La cara de Pablo parece expresar algo así como «esto no está tan mal». Cuando compartí esta foto con mi amigaza Lorena Duarte, quien es la directora del Sistema de Centros de Rehabilitación de Teletón, me dijo: «Mira, Font, un líder es aquel que lleva a otros a donde ellos solos nunca se hubieran atrevido a ir». Gracias a Dios, y a un árbol genealógico fuerte y generoso, que además se enriquece con los retoños de tíos y hermanos adoptivos que se llaman amigos, estoy continuamente retado a ir más allá de donde yo solo no me atrevería a ir. Me han ayudado a identificar y decidir cuándo «ES EL MOMENTO».

¿Para quién?

No únicamente los adultos te impulsan a ir más allá de lo que pensabas posible. De hecho, creo que en muchísimas ocasiones los niños son el resorte de ese crecimiento, sobre todo los hijos. Me parece que el título de papá es en realidad una carta compromiso que, mientras se va cumpliendo, va sacando a la luz esos asuntos pendientes, dicho pomposamente, esas «áreas de oportunidad» de nuestra personalidad. Yo creo que quienes somos papás tendríamos que llevar un letrero para nuestros hijos, de esos que se ponen en las construcciones públicas: «Disculpe las molestias; padre en construcción».

Y así, entre algunos aciertos y varios errores, vamos haciéndonos un poco menos brutos con la ayuda y la comprensión de los infantes, de nuestros maestros, de nuestros hijos. Te paso esta lección que me dio el maestro Pablo como a los siete años de edad una mañana en que fuimos a esquiar. Me acuerdo que yo estaba obstinado en que Pablo intentara un giro que yo sentía que podía hacer y él pensaba que era muy difícil y que se iba a lastimar. Me enojé y cuando se subió a la lancha le dije que así no iba a avanzar ni a aprender nada nuevo. Me tiré a esquiar y mientras entrenaba caí en cuenta de que me estaba equivocando y mucho. El papel de un entrenador, y mucho más si es el papá, es ser un vehículo. Un vehículo que ayude al deportista a llegar a donde él quiera llegar. El objetivo de fondo es que Pablo aprenda a plantearse sus metas y a tomar decisiones y en ese camino a ponerle límites a quienes intenten violentarlas, incluso si es su papá.

Cuando terminé de esquiar y de reflexionar mi error, se echó Pablo a que esquiáramos juntos. Antes de que se tensaran las cuerdas le dije: «Pablo, perdóname, me equivoqué. No estuvo bien enojarme y ser tan terco. Te quiero proponer una solución. ¿Sabes qué es un objetivo?». «Sí pa, es algo que se te antoja hacer en el futuro o algo que intentas y que te puede salir.» «Bueno, ¿y cómo ves que antes de esquiar me digas cuáles son tus objetivos y así nos ponemos de acuerdo?» «Bien, pa, pero ¿los ponemos juntos?»

Después de ese diálogo, esquié junto a Pablo sintiendo que mi corazón estaba sincronizado con el suyo y que entre risas, retos y comprensión, los latidos de nuestro corazón iban al mismo ritmo y aprendíamos uno del otro. Creo que en el fondo para eso vivo, para esos instantes en que al leer, al jugar, al esquiar, en la partida de dominó, al andar en bici…, mi existencia se sintoniza con mis seres más queridos y vamos ensanchando nuestra vida, trascendiendo y dejando huellas, pisadas, rodadas o estelas en el lago.

Cuando veo a Pablo, cuando escucho su risa como de matraca, cuando me toma la mano y me tira en la silla de ruedas, cuando me echa agua en la cara mientras esquiamos uno al lado del otro, cuando me puso al cuello la medalla de oro del Campeonato Mundial de Vichy en Fancia, cuando me formula una de las mil preguntas que se le ocurren a diario, cuando simplemente es Pablo, siento que mi vida se ensancha y me doy cuenta de que voy respondiendo a la pregunta más importante: ¿Para qué vivir?, o más bien ¿para quién vivir?

Va por ti, mi Pablo.

Crece, Pablito, crece feliz ensanchando tu vida y ayudando a ensanchar la de quienes te rodean.

Gracias por ensanchar mi vida y dejarme ser tu pa.

Anexo
ABC de mi filosofía

Letras, palabras, ideas que te comparto con la ilusión de inspirarte no solamente a deletrear mejor tu propia existencia sino a plasmar tu propio poema con las letras únicas que la vida te regaló.

Amigo es aquel que no solamente te acepta como eres, sino que te ayuda a descubrir lo que puedes llegar a ser. Con este testimonio se aclara que el Amor no es ciego. Más bien es el visionario más grande que existe, porque permite a través de su cristal trascender las discapacidades evidentes para ver el potencial de las capacidades de los demás.

Biografía es la obra de arte que se crea con lo circunstancial. La mera biología se transforma en una biografía cuando se entiende la vida como un reloj de arena. Arriba, como posibilidades, se agolpan los granos que quieren pasar por el delgado espacio del presente. Al hombre le toca elegir cuáles granos pasan por ese embudo de su existencia y quedan inmortalizados en ese almacén del pasado. La arena de lo que puede ser cobra vida y se convierte en la sangre de nuestra historia. Lo importante es que a este reloj no se le puede dar la vuelta para una segunda oportunidad.

Cariño. Elixir que en la vida sirve de catalizador. Bálsamo que se aplica para despertar a la realidad de que frente a las preguntas fuertes de la vida, no se puede responder en singular, sino en primera persona del plural: NOSO-TROS. Ayuda a sentir la fortaleza de la fragilidad y poder reconocer, como dice Goethe, que «da más fuerza saberse querido que saberse fuerte».

Deporte es el espacio para ser, no siempre el mejor, pero sí lo mejor de uno mismo. En mi casa el esquí acuático ha significado muchas cosas:

Amigos del mundo que se convierten en tus hermanos.

Un pretexto para hacer familia y compartir y aprender a acompañar en los éxitos que fortalecen y los fracasos que te hacen humano.

«Las cosas se demuestran en el agua.» Lema de vida de mi papá y entrenador que significa que «si algún giro en un torneo no fue claro, hay que volver al entrenamiento y hacerlo mil veces para que en el momento de la verdad no quepa duda».

Ensanchar la vida. Receta de mi abuelo médico neumólogo (véase también Respiración existencial). «Mira, viejo, la vida no siempre se puede alargar, pero siempre, siempre, se puede ensanchar.» Esto es la capacidad de trascender, de dejar huella. En ocasiones huellas de pisadas, de rodadas, de ideas o sentimientos. Lección aprendida de Daniel, niño con distrofia muscular. El día que lo conocí me despertó la pregunta: ¿por qué pasan estas cosas? Pregunta mal planteada porque no tiene respuesta, pero mi amigo Eduardo me hizo ver que en las preguntas podían estar las respuestas y que si yo descubría algo de mí gracias a Daniel, su vida, corta o larga, tendría un gran sentido.

Fracaso es esa marea baja que ahuyenta a las aves oportunistas y saca a la superficie los arrecifes más coloridos y llenos de vida: los verdaderos amigos. Como dice el maestro Serrat, «Bienaventurados los que catan el fracaso, porque reconocerán a sus amigos».

Gerundio. Tiempo verbal en que mis mejores amigos me han dicho que se debe escribir el libro de la vida. ¿Cómo se aprende a esquiar? Esquiando. ¿Cómo se aprende a vivir? Viviendo y así en un futuro se podrá preguntar: «¿Te acuerdas?». Y no sólo «¿Te imaginas?».

Gratitud. Esquiar es la mejor manera de poder agradecer a quienes creyeron en mí y me han acompañado en momentos difíciles de la vida.

Hubiera es la droga más barata, tranquiliza la conciencia, crea adicción, pero no cambia la realidad. Dicen algunas personas que es útil para enfrentar fracasos electorales y explicar los resultados del fútbol nacional.

Ignorancia, privilegio del hombre de acuerdo a Platón. «Ni Dios, ni la bestia ignoran. Aquél porque posee todo el saber y éste porque lo ha menester.» Frente a la concepción del ser humano como *homo sapiens*, como el ser que sabe, la experiencia de la discapacidad nos regala la oportunidad de entendernos como el ser frágil, imperfecto, el ser que ignora. No estamos ni en la luz absoluta ni en la oscuridad total, estamos en el camino con amaneceres, atardeceres, noches y días en la fiesta de la vida.

Ilusión de compartir retos y sonrisas con mi hijo.

Jugar es vivir. Es esa magia de dar vida a lo inerte, de encontrarse creativamente con la realidad y aceptar las posibilidades que nos regala.

Jugando con mi hijo, mi maestro, se ilumina el tiempo y el espacio. El presente se convierte en el único tiempo que puede dar densidad a la existencia y el entorno se transforma en el campo de juego donde la muerte y la soledad pierden por dos a cero. Una carcajada de mi principito es la chispa que enciende el fuego de la vida, la hoguera del amor, en torno a la que nos reunimos para asar unos bombones y llenarnos las manos de azúcar para hacernos hombres. «Sólo juega quien es plenamente hombre, y sólo es plenamente hombre el que juega.» Schiller.

Kinesioterapia = «parálisis que mueve». Testimonio de vida de mi amiga Roo, quien, teniendo una cuadriplejia muy severa, con el arte de sus cuadros es una maestra en la lección de que «enfrentar la adversidad no sólo templa el espíritu propio, también sirve de inspiración a los demás» y nos mueve a la búsqueda de nuevas perspectivas.

Libertad, posibilidad de salir de la silla de ruedas, sentir lo fresco del agua, el vértigo de la velocidad, la fuerza de la lancha, la mirada de mi hijo y mi esposa desde la lancha, el ritmo del corazón que se acelera. La mejor respuesta ante la pregunta de un lago y del mar: esquiar y bucear.

Mirada, **M**aravillosa lección aprendida de la **M**ejor **M**aestra de la vida. Saber mirar lo esencial enseña a apreciar el cuadro que se está pintando por arriba del marco con ruedas que lo lleva. Cuando se toma este punto de vista, las historias clásicas de las obras de arte se transfiguran y los príncipes azules pueden llegar en silla de ruedas y no necesariamente a caballo.

«**N**o hay nada más difícil que vivir sin ti», nos canta el filósofo mexicano Marco Antonio Solís y creo que tiene mucha razón. No hay nada más difícil que vivir sin ti, ese quién eras antes de tu accidente. Enterrar áreas y aspectos de tu propia vida por un accidente y vivir el luto en vida. Frente a esa sensación tan bien expresada en esta canción de «El ritmo de la vida me parece mal». ¡Cómo ayuda el marcapasos del corazón querido a palpitar al son de la alegría!

Oscuridad. Telón de fondo donde se descubren sorprendentemente los colores más hermosos. Paradoja que te hace descubrir los contrastes de la vida:

–la sombra que le da profundidad a la realidad y la luz que nos da la posibilidad de ver,

–la soledad de la noche que lo iguala todo y la compañía de las estrellas que te dan orientación,

–la independencia que fortalece la autodeterminación y la dependencia que nos despierta la conciencia,

–las capacidades que dan seguridad y las discapacidades que nos recuerdan nuestra fragilidad,

—alegrías para compartir y tristezas para comprender, carcajadas para sentirte vivo y lágrimas para aclarar la mirada,

Encontré la mirada de quienes me quieren y descubrí la paradoja de que en las páginas más oscuras del libro de mi vida también han brillado los colores más hermosos. Frente al cambio, al dilema, a la pérdida y al dolor, la comunión revive, salva y da sentido a lo que muere. A la profunda oscuridad sigue el amanecer.

¿Por qué yo?

La gente responde: se lo buscó, le tocaba, las cosas así pasan.

Pero la Gente Grande me ha enseñado a responder simplemente

GRACIAS

Porque estoy vivo,

Porque Dios a través de mí quiere demostrar algo,

Por un nuevo reto en la vida,

Porque todas las semillas que he tratado de sembrar han dado fruto.

Gracias, porque me doy cuenta del valor de una simple sonrisa.

Gracias, porque soy yo quien está así,

Soy privilegiado por estar rodeado solo de amigos grandes y siento de ellos una fuerza que antes no había tenido tiempo de sentir.

Por un millón de cosas más, gracias.

Química es la ciencia de la transfiguración. Es la alquimia del dolor en esperanza, la reformulación de trampas en trampolines, la resignación como resignificación de experiencias; la transformación de las dificultades en oportunidades, la reconversión de las telarañas que atrapan en arneses que cargan.

Respiración existencial es el ejercicio neumológico recetado por el doctor José Ramírez Gama, mi abuelo, para recordar que quien sólo vive hacia fuera exhalando se ahoga, pero también quien solamente vive para sí mismo inhalando, también se ahoga.

Es por tanto indispensable para vivir: buscar momentos y espacios para inhalar y descender como buzos en el fondo de nuestro corazón y encontrar los colores reales de nuestra alma y nuestra verdadera esencia. Al igual que tener momentos donde nuestra exhalación se transforme en el aliento que impulsa las velas de los barcos de la vida de quienes queremos.

Inhalar para darnos vida, exhalar para dar sentido.

«Sonríele a la vida, porque hay momentos en que la vida no nos sonríe.» Recomendación de mi mamá para que la luna de la sonrisa sea la guadaña que pueda abrir camino cuando las plagas de miedo y duda impidan caminarlo con facilidad.

Tacoterapia es el mejor tratamiento para la rehabilitación integral de una persona. Consiste en invitar a un amigo a salir de su tristeza, de su depresión, de su habitación cerrada y solitaria para ir a compartir unos tacos con unos cuates. Yo podría titular el libro de mi vida «De cómo unos tacos me han cambiado la vida».

Único. Seguridad de saberse irrepetible que nace en ese puerto donde tu nombre suena como en ningún otro y hasta los silencios bastan porque significan comprensión. Mensajes de cariño que te hacen entender que es más importante el sustantivo de tu nombre que cualquier adjetivo.

No necesitas ser un superhéroe para hacer la diferencia y ayudar a crecer a quienes te rodean. Sólo basta buscar ser «la mejor versión de uno mismo» cuando se asume que la más importante necesidad es saberse necesitado por otro o por una causa que sólo tú puedes realizar y así la

Vida se convierte en una pregunta, a la que se puede responder (como dice mi hermano Eduardo Garza) con un reclamo o con la gratitud de recibir un regalo.

¿Cómo se puede responder a una discapacidad?

a) Versión matemática del reclamo: «mi vida puede verse dividida en dos: antes y después de mi accidente».

b) Versión matemática del regalo: «mi vida puede verse multiplicada por dos: tengo la experiencia de caminar y de rodar».

c) Versión taurina del reclamo: «con una banderilla de chantaje y otra de lástima, sales bien librado de cualquier tercio».

d) Versión taurina del regalo: «de la plaza siempre me sacan en hombros».

e) Versión telenovela con voz en *off*: «vivió atado a una silla de ruedas».

f) Versión resignada: «ser un sofá hablador».

g) Versión contestataria: «terrorista emocional de la manipulación».

h) Versión reivindicación de los derechos: «sindicato de los cojos».

i) Versión automovilística: «mi vida marcha sobre ruedas». ¡**W**ow! Expresión de un bocazas cuando ve torear a José Tomás o a David Silveti. También se puede recurrir a la expresión latina «¡Ay Wey!», pero la expresión correcta es: ¡Olé! Para quien pisa terrenos comprometidos, para quien hace de la muleta del matador, que para el toro es un engaño, un instrumento para el encuentro. Pincel que va dibujando la faena, no cualquier faena, esta faena, que será buena o mala, pero única. Así es la vida. ¡Olé!

Van estas líneas de los extravíos de un bocazas para:
David Silveti por el nudo en la garganta de su toreo de verdad.
Por compartir el reto de enfrentar la adversidad.
Por recordarme que la vida es vocación, decisión y fragilidad.

«**Y**o tengo lo que a ti te falta y tú tienes lo que yo necesito.» Lema de la Asociación Unidos A.C. Éste es el sentido profundo y verdadero de ser todos «personas con capacidades diferentes». Cada uno con capacidades complementarias que podemos poner al servicio de los demás. Con hilos de colores distintos y nudos de amistad se tejen las redes que te salvan. Esas que te dan la certeza de poder ser frágil, tener discapacidades y saber que te puedes caer y que no te dejarán irte al fondo del pozo.

Tú tal vez seas mi voz, tal vez mis ojos, quizás mis piernas, mi fuerza. Yo puedo ser a veces la sonrisa diferente, el recuerdo del tiempo que no siempre corre tan aprisa, la pregunta por el sentido de la vida y el compañero en tu sombra. Solamente necesito que estés tú y me invites a ponerme en tus

Zapatos.

Agradecimientos

Me gusta la idea de que este libro inicie y termine agradeciendo. Gracias otra vez a ti, amigo lector, por tu persistencia y decisión de iniciar y terminar esta historia. Gracias por leer. Si te gustó o te sirvió alguna idea de las que escribí, te invito a dar las gracias conmigo a quienes me ayudaron a escribir.

La provocación para escribir este libro fue tan original como la pregunta ¿Qué hace un editor catalán en Ciudad Juárez? En un momento en que esa población era considerada la ciudad más peligrosa del mundo conocí a Jordi Nadal en un foro organizado por la Fundación del Empresariado Chihuahuense A.C. Me tocó dar una conferencia y en cuanto terminé y me bajé del estrado se me apareció con una tarjeta y un catálogo de Plataforma Editorial. «Me llamo Jordi Nadal. Tienes que escribir un libro y yo te lo publico. Tienes un mundo interior que hay que compartir.» Le dije que sí, que lo pensaría y salí para el aeropuerto. Afortunadamente cancelaron mi vuelo y regresé al congreso a escuchar la conferencia de Jordi y a cenar con él. Me convenció, no simplemente de escribir un libro, sino que más bien me hizo sentir que yo podía ser escritor. Me dio la seguridad necesaria para arriesgarme a poner en blanco y negro mis ideas, mis locuras, mis afectos. Un par de días después sonó mi móvil: «Hola, soy Jordi desde Barcelona. Quiero ser parte de tu mundo, quiero ser tu amigo». Soy amigo de Jordi y además es mi editor. Gracias por su provocación y cariño.

Claro que después de la decisión hay que ponerle acción. Es bueno tener amigos que me ponen en movimiento y me ayudan a no quedarme en las buenas intenciones. En cuanto le comenté a Eduardo Garza la intención de escribir este libro me convocó a una reunión y en una jornada de trabajo me ayudó a tener definido un índice. Gracias a él este escrito tiene cierta estructura y me dio un gran empujón para dar un primer paso con un rumbo. Además, me regaló varias sesiones donde escribíamos juntos y al final compartíamos las locuras alcanzadas. Eso es ser amigo ¿No te parece?

En el proceso de escribir descubrí muchas cosas. La primera es la importancia de la disciplina y la decisión de hacerlo con una rutina y un horario. Varios días me encontré frente al teclado sin plasmar una letra o escribiendo una palabra y borrando un párrafo completo. Hay momentos en que no sabía si describía o desescribía. La autocrítica y la corrección de estilo excesiva es muy paralizante. Con la lentitud que sentía, ya me imaginaba una publicación *post mortem* de mis memorias. Para remediar un poco esto, me resultó muy útil y quiero agradecer la molesta insistencia y la burla por mi parsimoniosa redacción de Carlo Clérico. La idea de que todos mis capítulos fueran un «re-inventar», «re-asignar», «re-vivir», «re-algo» fue suya. Con su testimonio de libertad y su recomendación de escribir sin juzgar, pude redactar más rápido y he aprendido a vivir con más pausa.

Gracias a la generosa y humilde grandeza de Fernando Landeros, mi amigo Chobi. Con su prólogo me recuerda que a los amigos si se vale robarles el tiempo y que cualquier pretexto, un libro, una conferencia, una anécdota, un chiste, un prólogo, es una buena oportunidad para decirles: te quiero. Es un gusto que te conozcan a través de amigos con grandeza de alma que te quieran y presenten tus ideas como importantes y útiles.

En cuanto al contenido del libro, ya habrás visto que tengo que decir un millón de gracias y muchas solicitudes de perdón. Gracias a mi familia y amigos que me regalaron el material que construye este manuscrito. Soy únicamente un narrador de una banda generosa que me obsequió lo esencial. A lo largo de mi vida me han deletreado las vivencias, me alfabetizaron en el cariño y les agradezco en cada frase de *Ensanchar la vida*.

Perdón a quienes no menciono por su nombre y les garantizo que en el adjetivo "amigo" están incluidos, considerados, y que desde la amistad silenciosa, anónima, dan testimonio de la generosidad mayor, regalar sin siquiera esperar una mención. Gracias, gracias, gracias amigos, primos, familia y demás tribu.

Gracias al equipo de Plataforma Editorial por su asesoría, acompañamiento, profesionalismo y sobre todo por su corrección cariñosa para lograr una mayor castellanización de esta obra sin que perdiera la mexicanidad de mis expresiones.

Por ser los coautores y al mismo tiempo las razones y la inspiración de este libro, quiero decirles a Tere y Pablo: los quiero. Gracias por ser el motivo para continuar escribiendo cada mañana, cada día, cada instante la edición viva de *Ensanchar mi vida*.

Su opinión es importante.
En futuras ediciones, estaremos encantados
de recoger sus comentarios sobre este libro.

Por favor, háganoslos llegar a través de nuestra web:

www.plataformaeditorial.com

Las memorias extraordinarias y conmovedoras de un hombre
que, tras una infancia feliz en Lituania, sufrió con su familia
la terrible experiencia de los campos de concentración nazis
durante la Segunda Guerra Mundial y, tras la guerra, participó
activamente en la creación del Estado de Israel
y en la vida cultural de su país.

Para el autor, amante de los retos en la práctica
del deporte y en la vida, el límite está donde
cada uno quiera ponérselo.